허락되지
않은
내일

허락되지 않은 내일

불안과 희망의 교차점에 선 청년들

이한솔 지음

2021년 10월 26일 초판 1쇄 발행

펴낸이 한철희 ǀ 펴낸곳 돌베개 ǀ 등록 1979년 8월 25일 제406-2003-000018호
주소 (10881) 경기도 파주시 회동길 77-20 (문발동)
전화 (031) 955-5020 ǀ 팩스 (031) 955-5050
홈페이지 www.dolbegae.co.kr ǀ 전자우편 book@dolbegae.co.kr
블로그 blog.naver.com/imdol79 ǀ 트위터 @Dolbegae79 ǀ 페이스북 /dolbegae

편집 김혜영
표지디자인 조슬기 ǀ 본문디자인 이은정·이연경
마케팅 심찬식·고운성·한광재 ǀ 제작·관리 윤국중·이수민·한누리
인쇄·제본 한영문화사

ISBN 979-11-91438-41-3 (03300)

허락되지 않은 내일

이한솔 지음

불안과 희망의
교차점에 선 청년들

돌베개

좌절과 희망에 관한 대화

1.

2021년, 새해를 국회의사당 본청 앞에서 시작했다. 꽤나 생경하고 썩 유쾌하지 못한 경험이다. 평소에는 국회 문턱을 통과할 일도 드문데, 동해 바닷가 일출 명소도, 하다못해 동네 뒷산도 아닌 국회 본청 앞에서 2021년을 맞이해야 했다. 중대재해기업처벌법 제정을 위해 단식 농성 중인 아버지 곁을 지키기 위해서였다. 1월 1일, 국회에서, 단식 중인 노령의 아버지와, 해돋이를. 이보다 이색적일 수가.

참 신기하게도, 오가는 사람 하나 없는 새해의 국회는, 먼저 세상을 떠난 청년들이 머물고 있었다. 드라마 현장에 쌓여온 케케묵은 문제들을 지적했던 나의 형 이한빛이 있었고, 일터에서 최선을 다해 일했지만 시스템의 문제를 피하지 못한 김용균도 있었다. 구의역 김군, 현장실습생 김동준, 건설노동자 김태규 등 20대의 나이에 각기 다른 이유로 꿈과 삶이 좌절된 청년들이 '죽음'이라는 주제로 그 자리를 지키고 있었다. 지켜지지 못했던 청년들이 남은 사람들을 살리기 위해 유가족을 보듬고 있었다.

죽음을 온전히 추모한다는 것은 무엇일까. 떠난 이들이 채운 자리에서 그들을 기억하는 방법을 고민했다. 사람은 죽어 이름을 남긴다지만, 고인의 이름이 다음 세대에 전달되는 것만이 추모의 전부는 아닐 테다. 나의 형은, 세상을 떠나기 직전 가장 두려운 마지막의 순간에 글로 마음을 전하고 싶었고, 그 마음이 사람들에게 기억되기를 바랐을 것이다. 형이 남긴 흔적에서 나는, 자신이 꿈꾸었던 세상이, 비록 본인은 누리지 못하더라도 남은 이들에게는 꼭 이루어졌으면 하는 바람을 보았다. 감히 죽음의 의미를 함부로 해석할 수 없겠으나, 적어도 하나 분명한 것은 자신과 같은 이유로 내일이 허락되지 않는 청년들이 없기를 바랐다는 것이다.

이 바람이란 게 참 어려운 과제다. 그러려면 형을 비롯하여 많은 청년들의 상처와 아픔을 먼저 드러내야 하는데, 이런 작업을 선뜻 시작하고 이야기를 풀어내기란 녹록지 않다. 청년들의 고통을 불편하게 들추며 삶 속의 희망을 추적하는 일을 꼭 해야 한다면, 내가 맡아야 하지 않을까 생각했다. 나는 이미 나의 소중하면서도 가까운 사람을 떠나보냈다. 그 아픔이 누군가에게 반복되기를 바라지 않기에, 내 마음의 한 공간을 내고 떠난 사람들의 이야기를 담기 위해 지난 5년을 노력해왔다. 청년의 삶을 정책에 담아보기도 하고, 우리의 일상을 보호하기 위한 활동을 이어오기도 했다. 그들의 고민과 대화에 함께하고 싶은 동기가 강했기에 새로운 삶의 방향이 고되게 다가오지 않았다. '당신이 청년을 대표할 수 있느냐?'는 비판도 두렵지 않았다. 의도와 상관없이 이미 추적은 시작된 셈이다. 발걸음을 내딛은 길을 마저 걸어보고 싶다.

2.

꿈의 좌절. 나의 형 이한빛은 스물여덟 살이던 2016년 10월, 다음과 같은 유서를 남기고 세상을 떠났다. "하루에 20시간이 넘는 노동을 부과하고 두세 시간 재운 후 다시 현장으로 노동자를 불러내고, 우리가 원하는 결과물을 만들기 위해 이미 지쳐 있는 노동자들을 독촉하고 등 떠밀고, 제가 가장 경멸했던 삶이기에 더 이어가긴 어려웠어요."

형의 마지막 순간은 내게 무거운 질문을 던졌고 나는 대답을 해야만 했다. 사람을 위로하고 기쁘게 만들고 싶다는 꿈을 품고 드라마 피디가 되었던 형이, 현장에서는 사람을 갈아 넣어가며 작품을 만들어야 했다. 그는 처음 꾸었던 꿈을 완전히 포기하고 거대한 시스템에 굴복해야만 했다. 한 청년이 세상을 떠나야 했던 이유이다. 그가 지키고 싶었지만 실패하고 좌절할 수밖에 없었던 현실. 그것은 안전하지 않고 사람을 존중하지 않는 일터이자 불평등한 구조 속에서 불안이 내재화된 청년들의 일상이었다.

어떤 대답이 형에게 그리고 또 다른 청년들에게 진정한 위로가 될 수 있을까? 누군가에겐 죽음보다 더 견디기 어려운 것들이 있다. 아니, 너무나 많다. 이미 수많은 이한빛들이 죽음보다 견디기 어려운 현실에서 살아가고 있을지 모른다. 우리는 그동안 청년이라는 편집된 정의에 압도돼 이들의 진짜 아픔을 이야기하는 데 서툴렀다. 존중과 희망을 이야기하기에는 그 내면을 제대로 바라보지 못했다. 우리에겐 지금 누군가를 지키기 위한 메시지가 꼭 필요하다. 그래서 이 책은 형, 그리고 역시 한 명의 청년이기도 한 나, 오늘을 살고 있는 청년들의 포기, 좌절, 바람, 희망에 대한 이야기를 담았다.

'MZ세대'니 '90년대생'이니 하는 말들은 청년을 끊임없이 정의하지만, 청년들이 무엇을 포기하고 무엇에 좌절하고 있는지 어떻게 희망을 찾는지 바라보지 못한다. 스스로의 언어를 통해 청년들의 마음과 현실을 드러내야 한다. 기성의 시선이 첨가되지 않은, 있는 그대로의 청년들의 이야기로 말이다.

3.

시작은 형과의 대화다. 나는 형이 남긴 삶의 자취를 따라가보았다. 형의 친구 열두 명이 바라본 한빛의 이야기를 담아내고, 형의 기록을 톺아보았다. 나아가 형과는 인연이 없지만, 다양한 공간에서 오늘을 살아가고 있는 스물세 명의 청년을 찾았다. 나이도 성별도 직업도 사는 지역과 집도 제각각인 서른다섯 명의 삶이, 또 다른 청년인 나를 통해 기록된 것이다.

불평등한 시스템 속에서 불안이 내재화되었다. 아직도 청년을 비롯해 열악한 환경에 처한 노동자들은 하루에 일곱 명 가까이 일터에서 일어난 사고로 퇴근길에 오르지 못하며, 반지하와 옥탑방이 소중한 보금자리다. 청년들은 권위적인 일터에서 상처받고 소모되고, 기댈 곳이 부족해서 홀로 삶을 감당하고 있다. 다양한 모습을 지닌 나의 존재는 부정당하고, 꿈과 욕구는 포기와 좌절로 이어진다. 악착같이 노력하며 살고 있지만, 여전히 '내일'과 '내일'은 허락되지 않고 있다.

이 책에 시대를 관통하는 완전무결한 분석과 해결책이 담겨 있지는 않다. 하지만 불안과 상처, 그리고 희망에 대한 이야기는 온전히 우리의 목소리다. 청년들이 어디서 포기하고 좌절하는지를 직시하면서도, 손을 내밀며 앞으로 나아가고 싶다는 의지를 담았다.

여기 서른다섯 명의 이야기를 통해, 홀로 버티고 있는 사람들에게 당신만의 잘못과 문제가 아니라는 말을 건네고 싶다. 또한 언론과 정치가 자극적으로 조명하던 청년의 포장지는 걷어내고, 자기소개만큼은 우리 스스로 하는 사회를 만드는 데 기여하고 싶다. 마지막으로, 살기 위해서 죽음을 선택했던 한빛 형과 같은 사람들이 죽음의 흔적보다는 희망의 언어로 기억되었으면 좋겠다.

2021년 10월
이한솔

이한빛

1989. 1. 24. ~ 2016. 10. 26.

경기도 의정부에서 태어나고 자랐다. 대학에서 정치학을 공부했으며 학생운
동 단체에서 노동운동을 중심으로 활동했다. 국립대학 법인화를 반대하며
학교 본부를 점거한 록 페스티벌 '본부스탁' 기획을 총괄했고, 대안언론 성
격의《자하연잠수함》,《제3섹터》등의 웹진을 운영하며 글을 통해 꾸준히 세
상과 소통하기도 했다.

대학 졸업 후에는 CJ ENM 피디로 입사해 tvN 드라마〈혼술남녀〉조연출을
맡았다. 한국의 열악한 드라마 제작 시스템의 중간관리자로서, 계약직 노동
자들에게 고강도 업무를 강요하고 계약직 촬영팀을 정리해고하는 업무를 수
행해야만 했다. 부조리한 드라마 제작 구조를 묵과하지 못하고 비판적인 태
도를 취하자 연출부 내에서 모욕적인 괴롭힘과 인사 불이익을 당했다. 결국
드라마 종영 다음 날인 10월 26일 스스로 목숨을 끊었다.

한빛 친구들 (가명)

· **가은** — 대학 시절, 한빛과 같은 학생운동 단체에서 활동했고 지금은 드라마 피디로 일하고 있다. 대학 시절부터 한빛과 비슷한 길을 걸었기에 고민을 가장 깊게 이해할 수 있는 동료. 한빛의 죽음 이후 꾸려진 비상대책위원회에서 가장 활발히 활동하면서 그의 이야기를 세상에 알렸다.

· **잔디** — 대학 시절, 한빛과 가장 가까이에서 함께했던 동료. 졸업 이후에도 노동자를 지원하는 변호사로서 활동을 이어가며 '한빛이면 어땠을까'라는 생각을 많이 하는 친구이다.

· **경수** — 대학 시절, 학생운동과 관련된 활동을 하면서 조직 내부의 문제를 같이 비판하며 가까워졌다. 조직의 터부를 곧이곧대로 받아들이지 않는 삶의 방식이 한빛과 비슷했기 때문에, 활동할 때보다 그 이후에 더 친해졌다.

· **지웅** — 대학 정치학과 동기 절친. 티격태격 다툼도 많이 했던, 추억 가득한 친구. '이한빛'이라는 풀네임을 부르지 않으면 오그라든다고 한다.

· **태민** — 또 한 명의 정치학과 동기 절친. 한빛은 색깔이 확실했기 때문에 대중성(?)을 찾을 수 있도록 도와주는 역할이었다고 한다.

· **준영** — 한빛과 같은 단과대 학생으로, 학생총회를 비롯해 문화행사, 집

회 등 다양한 기획을 한빛과 함께했다. 서로 많이 이해하고 의지하던 관계였다고 한다.

• 윤영 — 재수학원에서 알게 된 친구. 서로의 따뜻함이 연결되며 10년 가까이 인연을 이어왔다. 현재 전시 기획 일을 하고 있다.

• 슬기 — 언론고시를 준비하는 취업스터디에서 우연히 만났다. 뉴미디어가 생겨날 때 기획자로 함께했는데, 한빛도 슬기를 응원했다고 한다. 허세 가득 섞음 없이 얘기하는 한빛과 스타일이 잘 맞아서 어느새 '찐친'이 되었다.

• 지오 — 현직 기자. 한빛의 대학 선배이자 한빛이 수강했던 글쓰기 강좌의 강사였다. 허울 없이 관계를 맺는 한빛의 스타일과 한빛의 독특한 글 덕분에 두 사람은 가까워질 수 있었다.

• 수영·예리 — 취업스터디를 함께한 친구들. 스터디가 매우 오래 지속될 만큼 마음이 잘 맞는 그룹원들이었다. 한빛을 잘 기억하고 싶은 친구들로, 현재 한빛을 주제로 한 다큐멘터리를 기획 중이다. 각각 피디와 기자로 일하고 있다.

• 민호 — 취업스터디에서 만났지만, 급격히 친해져서 한빛과 함께 졸업 사진을 찍었다. 한빛의 죽음을 통해 일터를 바라보는 새로운 시선을 가질 수 있었다고 한다. 현직 기자.

우리 곁의 청년들 (가명)

- **경미**(20대, 여성) — 세월호의 기억을 이어가는 시민단체에서 일했지만, 지금은 휴직 상태이다. 선배 그룹의 위선적인 모습을 보며 많이 실망했지만, 그래도 희망을 가지고 활동을 이어가고 있다.

- **미래**(20대, 여성) — 해외에서 대학을 졸업하고 한국에 돌아왔다. 이곳에서 마주한 차별과 혐오의 시선에 당황했지만, 지역에서 좋은 동료들과 함께 변화를 위해 노력하는 활동가이기도 하다. 출판사 계약직 편집자로 일하고 있다.

- **바다**(30대, 여성) — 게임이 정말 좋았고, '덕업일치'에 성공해 게임 개발자가 되었다. 회사에서 일한 적도 있지만, 현재는 프리랜서다. 수년간 남편과 둘이 결혼 생활을 즐기고 있다.

- **보영**(20대, 여성) — 고향은 대전이다. 입법조사관 고시를 준비한 경험이 있는 대학교 졸업반. 현재는 고시 공부를 접었다. 경제적으로 넉넉하지 못한 집안 형편 때문에 부모님의 지원을 받지 못해 어느새 알바의 달인이 되었다. 학교 앞에서 자취를 하고 있으며, 동아리방에서 한 달을 살아낸 생활의 달인이기도 하다.

- **서연**(20대, 여성) — 강릉이 고향인 대학생. 가족의 기대 속에서 대학 입시까지 열심히 달렸고, 20대가 되어서 자신에 대해 다시 찾기 시작했다. 젠더와 문화를 다루는 좋은 연구자를 꿈꾼다.

- **선규**(20대, 남성) — 안양에서 가족과 함께 거주 중이다. 대학에 진학하지 않고, 바로 사회에 진출했다. 알바도 해보고 창업도 해보고 자격증도 따서 관련 분야에서 일도 하며 20대를 알차게 보냈다. 현재는 사회적기업에서 계약직으로 일하고 있다.

• 선미(20대, 여성) ─ 전주 토박이로 지역에 대한 애정이 많다. 지역 활동의 가능성을 믿고 교육 분야로 창업을 하며 청년 CEO가 되었다. 부모님 간섭이 싫어서 독립한 1인 가구이다.

• 예은(20대, 여성) ─ 경기도 남양주에서 부모님과 함께 살고 있다. 전형적인 생애주기에서 벗어나, 고등학생 시절부터 인터넷 쇼핑몰도 차려보고 캐나다로 워킹홀리데이도 다녀왔지만, 결국 한국에서 취업을 준비하게 됐다. 코로나로 인해 취업의 문턱이 높음을 실감한다.

• 예진(20대, 여성) ─ 강원도 울진에 거주하고 있는 3년차 신혼 가구이다. 현재는 전업주부로, 빠르게 바뀌는 기술에 뒤처지지 않고 어떻게 커리어를 다시 이어나갈 수 있을지 고민 중이다. 지역 여건은 좋지 않지만, 온라인을 통해 커리어 복귀를 열심히 준비하고 있다.

• 윤아(30대, 여성) ─ 부산 출신으로, 서울에 있는 명문대를 졸업한 후 대기업을 다니다 회의감이 들어 퇴사하고, 현재는 대학원에서 주거와 보건 분야를 공부하며 연구자의 길을 걷고 있다. 시민사회의 매력에 빠진 성실파이며, 법적으론 1인 가구이지만 애인과 동거 중이다.

• 은재(20대, 여성) ─ 중간지원조직에서 정규직으로 일한다. 성평등 활동가들의 교육 프로그램을 기획·운영하고 있다. 청년 활동도 병행하며, 젠더·평등·환경 문제에 관심이 많다.

• 익준(20대, 남성) ─ 인천에서 가족과 함께 산다. 부모님 가게도 돕고 알바도 하며 대학생활을 성실히 보냈던 '이대남'으로, 오늘의 이대남 담론에는 동의하지 않는다. 업무에 대한 열정이 가득하고 성과도 좋지만, 계약직이라는 노동조건을 극복하기는 쉽지 않다.

• 재인(20대, 여성) ─ 고향은 통영이다. 서울에서 1인 가구로 독립한 후,

여러 영화 관련 일을 하면서 자기 작품을 만들고 있다. 생계적으로 지속 가능하기 어려운 직업이기 때문에 불안감이 크지만, 주위의 응원 덕분에 꿈을 포기하고 있지 않다.

• 제훈(20대, 남성) — 시흥의 시화·반월 산업단지가 일터이자 거주지인 1인 가구이다. 소규모 태양광 패널 부품공장에서 정규직으로 일한다. 자동차와 주식을 너무 좋아해서 통장에 돈을 모으기는 힘들다고 한다.

• 조은(20대, 여성) — 경상남도 거창에서 언니와 함께 살고 있다. 한국을 떠나기 위해 여러 가지 방면으로 준비 중이다. 그동안 각종 알바를 하며 이주를 위한 돈을 벌어두었고, 이주 후에는 어떤 일이라도 할 수 있을 것이라 기대하고 있다.

• 주영(20대, 여성) — 대학에서 디자인을 공부했지만 전공을 살리지 못했다. 문과와 이과를 넘나들며 여러 자격증을 따고 다양한 일을 경험했다. 성실함이 매력이다. 현재 아버지, 오빠와 함께 살고 있다.

• 준완(30대, 남성) — 공공기관에서 정규직으로 일하며, 대안적 민주주의를 위한 다양한 활동을 병행하고 있다. 청년의 끝자락에서 윗세대와 새로운 세대의 연결고리 역할에 대해 고민이 많다.

• 지성(30대, 남성) — 지역 도서관의 계약직 사서로 일하고 있다. 동네 주민과 대화를 나누는 하루하루가 즐겁다. 지역에서 다양한 문화사업을 추진하고, 성소수자 공동체도 운영하고 있다.

• 지원(20대, 여성) — 인류학을 전공하는 대학생. 부모님 수입이 마땅치 않아서 알바와 인턴을 병행하며 대학을 다녔다. 통학이 가능한 거리에 살고 있어서 주거비가 들지 않은 것은 다행이라고 한다. 바쁜 와중에도 대학생 주거상담센터에서 자원봉사를 하는 등 사회 참여를 적극적으로 하고 있다.

• 지은(30대, 여성) ─ 돌봄이 필요한 동생을 평생 보살펴야 한다는 성장 환경의 압박으로 사회복지업계로 진출했지만, 이 길이 맞는지 고민 중이다. 조직 내 부조리를 경험하고 퇴사해서, 현재 대안적 공간을 바라며 또래상담가 활동을 하고 있다.

• 지훈(30대, 남성) ─ 충청남도 금산에서 태어나 대학은 경상도에서 다녔다. 부모의 특별한 지원 없이 대학까지 마치고, 일자리를 구하기 위해 서울로 왔다. 보험회사에 다니며 성과를 조금씩 올리고 있으며, 2년 전 결혼해 아이를 낳을 준비를 하고 있다.

• 진만(20대, 남성) ─ 신문방송학을 전공하는 대학생. 언론과 정치가 소구하고 있는 '20대 초반 남성'에 대해 당사자로서 문제의식이 크다. 차별과 혐오를 절대 좋아하지 않는 청년이다.

• 진명(30대, 여성) ─ 원칙주의자이자 대형 종교법인의 일 잘하는 6년차 정규직 중간관리자. 성차별적인 문화를 개선하기 위해 노력하다 보니 일터에서 눈칫밥도 먹고 있다. 2년차 신혼 가구이다.

"나의 삶이 흔들린다고 느끼던 시기에, 그때의 '오늘'을 힘주어 살았고 고민하던 한빛님을 떠올리곤 했습니다. 오늘도 한빛님을 기억하며 용기 내어 살아가는 청년들과 우리의 또 다른 오늘들이 서로에게 힘과 위로가 되는 세상이면 좋겠습니다."

• 보영

"당신이 가꾸고 남긴 좋은 마음이 저의 세상에도 큰 힘이 되곤 했습니다. 좋은 마음은 시공간을 넘어설 수 있다고 생각해요. 그 마음 받아, 제 자리에서 할 수 있는 일들을 저도 해나가려 합니다. 다만, 당신이 만들었을지 모를 드라마가 참 많이 궁금합니다."

• 재인

"멀리서 지켜보기만 해도 넘치는 에너지가 느껴지는 사람이었습니다. 비록 좀 더 먼 곳에 자리하게 되었지만, 여전히 많은 사람에게 용기와 힘을 주셔서 감사합니다."

• 윤아

"당신의 어머니를 통해 당신을 알았습니다. 취업을 하게 되면 여러 단체들을 후원하고 싶다고 했던 좋은 어른. 그 마음이 저를 움직여 제가 할 수 있는 것들을 하고 있어요. 부고가 아니라 친구의 형으로 만났으면 좋았을 텐데 아쉽고, 앞으로도 종종 아쉬워할 것 같습니다."

• 은재

차례

1

빛이 머문
시간

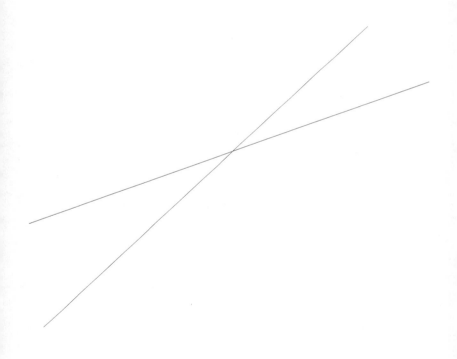

2016년 가을

하루하루를 집중해서 살다 보면 내 나이가 몇 살인지 잊을 때가 많다. 형이 떠난 이맘때 즈음이 되어서야 문득 한 살씩 나이가 쌓이고 있다는 것을 느낀다.

형과 나는 두 살 터울이다. 1주기 기일에는 형이 아직 형이었다. 2주기는 똑같은 삶의 시간을 보낸 친구가 되었다. 3주기부터 형이 나보다 동생이 되더니, 4주기에는 두 살 터울이었던 우리의 상황이 반전되었다. 형은 이제 두 살 터울의 동생이 된 것이다. 스물여덟 살에 멈춰버린 형으로 인해, 2016년 10월 26일을 기준으로 나의 달력도 달라졌다. 올해는 형이 나보다 세 살 동생이 되는 해이다.

대부분의 형제 관계가 그러하겠지만, 형과는 멀면서도 가까운 사이였다. 내가 대학에 입학했을 때 형이 미리 서울에 터를 잡고 있었기에 형 자취방에 얹혀 살았다. 그렇게 3년을 같이 살다 보니 그나마 형이 어떻게 사는지를 들여다볼 수 있었다. 형은 2년 전 서울에 있는 대학에 입학한 이후 꾸준히 노동운동과 학생운동에 참여했다. 동아리 수준으로 가볍게 걸쳐 있는 활동이 아니라, 대학생활의 상당 시간을 할애한 활동이었다. 매일같이 형 자취방에 놀러 와서 담배를 피우던 친구들 전부가 학생운동 동료였던 것만 보더라도, 얼마나 헌신적으로 참여했는지 가늠이 되었다. 하지만 형은 지킬과 하이드처럼 낮의 치열한 투쟁이 끝나면 저녁엔 꼬박꼬박 아이돌을 좇고 클럽에 가기도 했다. 모든 사람이 그렇겠지만 형이라는 사람도 여러 가지 색깔을 지닌 존재였다. 한 문장으로 요약하자면, 사회와 노동에 대해서는 진지했고, 대중문화에 대해서는 살짝 덕후의 기운이 있었다.

그런 형이 대학을 졸업하고 누군가에게 위로가 될 수 있는 드라마를 만들겠다며 피디를 선택했다. 형은 피디라는 일을 하면서도 대학생 시절의 경험을 놓지 않고, 노동을 존중하는 일터의 한 사람이 되고 싶었다. 몇 푼 안 되는 1년차 월급은 4·16연대, KTX 해고승무원, 기륭전자, 서울대 점거 현장 등 아픔이 있는 곳으로 보냈다.

하지만 정작 형이 처한 현실은 냉혹했다. 형이 참여하던 드라마 〈혼술남녀〉 제작팀은 작품의 완성도가 낮다는 이유로 첫 방송 직전에 계약직 다수를 정리해고했다. 형은 손수 해지와 계약금을 받아내는 '정리' 임무를 수행했다. 하루 21시간의 촬영 스케줄에 55일 중 휴일은 단 이틀뿐이었던 지옥의 현장에서, 비정규직 스태프들을 채찍질해야만 했다. 스무 살 이후, 사람에 대해, 따뜻함에 대해, 노동에 대해 치열하게 고민하고 참여했던 그가, 자신이 꿈꾸었던 공간에서 오직 비열하게 살아야 하는 현실에 갇혀버렸다. 무수한 착취와 멸시가 가득한 드라마 현장에서 살아남는 방법은 구조에 편승하는 것뿐. 슬프게도 10월 26일의 시간은, 형을 기억하는 모든 사람들에게 분명한 좌절의 기억이다. 특히 학생운동 동료로 드라마 피디라는 같은 직군에 있던 가은이 받은 충격은 더욱 컸을 것이다. 가은은 『이한빛 PD 추모집』에 이렇게 썼다.

네가 입사했을 때 나는 퇴사를 앞두고 있었다. 그때 나는 굉장히 지쳐 있었던 것 같아. 우리나라 드라마판이 너무 힘들고 어려운 곳이지. (…) 나는 편히 사무실에서 있었지만 현장에 있던 사람들은 두세 달에 한 번씩 그만두곤 했었어. 밤새길 밥 먹듯 해야 하는 현장에서 서로에게 얼마나 날이 서 있었던지. 그래서 서로에게 갖은 위악을 떨어야 하는 그곳에서 참 많은 창의적인 사람들이 떠나갔던 것 같다. 내가 너무 미안하고 아쉬운 것은 너랑 이 이야기를 진득하게 하지 못했던 거야. 너의 고민을 같이 나누지 못해서 미안해. 같이 욕해주지 못해서 미안하다. 너한테 받은 응원이 부끄럽지 않게 살아갈게. 세상이 조금이라도 바뀔 수 있도록 노력할게. 고마워. 너의 찬란하고 혼란했던 20대를 함께할 수 있어서.

한빛 형의 고민은 특별하지 않았다. 여느 20대처럼 술잔에 시시콜콜 수다를 안주 삼는 것을 좋아하면서도, 남들처럼 월급의 얼마씩을 기부하며 더 나은 사회를 꿈꿨다. 본인이 정규직이라는 것에 만족하지 않고 일터의 전반적인 노동환경 자체에 집중했다.

그런 그가 조직의 불의와 부당함에 대한 비판조차 제대로 하지 못하고 모욕과 인사 불이익을 당해야 했다. 사람을 위로하는 작품을 만들지만, 정작 만드는 사람들은 위로받지 못하는 현실. 한빛이 경험했던 괴리감은 한국사회 어디서든 볼 수 있는 비극이기도 하다. 더 나은 세상을 꿈꿨던 열정과 희망이 사그라든 잔흔이 2016년 가을에 남아 있었다.

시간이 지날수록 형에 대한 기억은 흐릿해질 것이다. 가족과 친구같이 아주 가까운 사람이 아니고서야, 한빛의 이름을 기억하는 사람들은 점차 찾기 어려워질 테다. 그럼에도, 한빛의 고민은 세상에 남았으면 한다. 이한빛이라는 이름보다도 그가 지키고자 했던 꿈과 가치를 간직한다면, 어디선가 또 좌절을 마주하고 있을 청년 노동자에게 위로가 될 것이기 때문이다.

형이 세상을 떠난 지 5년이 지나고 있다. 이제 두 살 터울의 형제 관계는 완전히 뒤집혔다. 형이 세상을 떠난 뒤, 이제는 '형'도 아닌 형을 어떻게 기억할지 오랜 시간 고민했다. 나름의 정의를 내리자면, 스물여덟 살의 형은 내 삶의 이정표이다. 살면서 누군가를 존중하지 않는 잘못된 선택을 하려고 할 때, 사람들을 존중하고자 최선을 다했던 형을 생각할 테다. 형이 멀리서 혀를 차며 못마땅해할 것이 분명하기 때문에. 그렇기에 내가 이한빛을 계속 형이라고 부른다면, 그것은 20대의 이한빛에게서 최대한 멀어지지 않고자 노력하겠다는 다짐일 것이다.

한빛이 소리를 냈다

'유별나다'라는 말이, 우리 사회에서는 보통 부정적인 의미로 쓰인다. 누군가 유별나다는 소문이 들리면, 그는 대개 그가 속한 조직에서 꽤나 성가시게 생각하는 사람일 것이다. '유별난 것'은 무엇일까. 수직적 문화가 공고한 한국의 조직사회에서는 기존의 문화와 질서를 그대로 따르지 않는 사람들이 보통 이에 해당한다. 이런 유형의 유별난 사람이 집단에서 어떻게 되는지는, 대한민국에 사는 사람이라면 결과를 쉽게 예측할 수 있다. '내부 고발자'는 곧장 '프로불편러'가 되고, '모난 돌이 정 맞아서' 결국 '부적응자'로 낙인이 찍힌다.

형도 분명 유별난 편이었다. 어쩌면 한국사회에 잘 어울리지 않는 사람이었을지도 모른다. 형의 대학 친구인 경수와 잔디에 따르면, 대학 시절에도 비슷한 일화가 많았다.

— 저랑 공통점이 있어서 친해졌어요. 당시만 하더라도 저희 단과대는 굉장히 규율이 잡혀 있었죠. 규율이라고 해서 꼭 나쁜 건 아니지만, 터부들이 많이 있었어요. 보통은 그 터부를 받아들이는 편인데, 저나 한빛이는 '왜 간섭해?'라는 식으로 받아들였어요. "이건 말이 안 되지 않냐?" 이런 이야기를 나누면서 친해졌죠.

본인이 소속된 공간을 포함해서, 소위 ○○○이라고 하는 조직에 대한 뒷담화?(웃음) 그때는 한빛이 안줏거리 정도로 이야기하곤 했는데, 돌이켜보면 한빛은 겉으로는 사회 변화를 외치면서도 내부는 폐쇄적으로 운영하는 위선적인 조직문화를 싫어했고, 이념에 대한 물신화를 혐오했어요. 그래서 버튼이 눌렸던 것이라고 생각해요. •경수

— 어떤 조직이란 게 기성의 분위기·흐름·질서가 있잖아요. '내가 이 조직에 들어가니깐 그냥 체화해야지' 하는 프로세스에 대한 거부감이 있었던 것 같아요. 한빛이는 활동을 관념적으로 하는 걸 매우 싫어했어요. '시대가 변했는데 왜? 효과가 없는데.' 그럼에도 무조건 비판했다기보다는 나름대로 책임질 것은 다 책임지고 할 것은 다 했어요. 그러면서 '조용히 해. 원래 이런 거지' 하는 사람들을 되게 싫어했죠. •잔디

누군가의 유별남과 불편함을 무시하면 공동체는 당장의 갈등을 면피할 수 있겠으나, 이후의 부작용을 끝끝내 감내해야 한다. 불편함을 용납하지 않는 조직문화는 비민주적이며 위계적일

개연성이 높다. 민주시민과 문화주체로서의 개인들을 포섭해내는 데 실패하고, 개인은 부유한다. 공동체는 특히 권력에서 먼 사람들에게 가혹하다. 그들에게 희생을 강요한다. 사회초년생, 계약직 노동자, 여성, 장애인 등 약자가 최전방에 위치한다. 잘못된 질서와 금기는 '라떼'(나 때) 앞에 용인되고, 새로운 감수성과 문화를 바라는 사람들도 이내 무기력함을 느끼며 조직 속에 희석되어 버리기 쉽다.

장애인은 시설로 보내고, 성소수자는 특정 구역에 들어가서 축제를 열라는 사회다. 집단에서 성폭력이 발생해도 "해일이 밀려오는데 조개나 줍고 있다"는 비난에 불편함을 표현할 수 없는 공동체가 즐비하다. 기존 질서와 터부에 균열이 가는 것은 용납되지 않는다. 문화권력이든 사회자본이든, 가진 사람들은 특히 그렇지 못한 사람들을 위한 변화를 거부하기 마련이다. 그렇기에 오히려 우리 사회에는 유별나서 불편한 사람들이 꼭 필요하다. 불편함이 세상을 바꿔내고 있다. 다른 방송국 피디로 일하는 친구 예리는 형 덕분에 정상이 무엇인지 다시 인식하게 된 것 같다고 말했다.

— 방송문화가, 한빛 오빠가 그렇게 하지 않았으면 어땠을까요? 오빠로 인해 정상이 무엇인지를 다시 인식하게 된 것 같아요. 오빠의 행동으로 인해, 이런 게 잘못되었다는 것을 우리도 이야기할 수 있게 되었어요. 여전히 '고인물'들은 그렇게 폄하하려고 하더라고요. 그런데 장기적으로는 52시간도 정착하고, 방송 현장도 되게 나아지고 있거든요. • 예리

형의 방송국 입사 동기 한승훈 피디는 형의 추모사에 이렇게 적었다.

입사 후 마주한 방송국은 우리의 생각과는 많이 다른 모습이었다. 시청률과 제작비만이 고려된 비인간적이고 비합리적인 제작환경과 조직문화를 경험해야 했다. 무척이나 낯설고 너무도 강렬했기에 비현실적이기까지 했던 순간들이었다. 잠을 자지 못하고 퇴근하지 못하는 원초적 불편함에서부터 정당하지 못한 보상, 팀 내 따돌림, 그리고 각종 차별과 크고 작은 폭력까지. 방송이 좋아 입사한 젊음들이 감당하기엔 너무 잔인한 현실들이었다. 하지만 우리 대부분은 이러한 현실에 맞서 소리칠 시간도, 체력도, 그리고 용기도 갖고 있지 못했다. 그런데 한빛이 소리를 냈다.

한빛 피디의 고민은 특별하지 않았다. 동료들과 똑같은 고충을 경험하고 있었다. 차이점이 있다면, 고민을 밖으로 꺼냈을 뿐이다. 비록 '계란으로 바위 치기'로 끝났을지라도. 형의 명예를 회복하고자 처음 회사 동료들을 찾아다닐 때만 하더라도 "사람이 참 유별났다"라는 표현을 가장 많이 들었다. 유가족 앞에서 최대한 좋은 표현을 찾은 것이 '유별'이었을 것이다. 이면의 의미를 해석하자면 '남들 다 버티는 현장을 굳이 불편해했다' 정도. 하지만 형이 세상을 떠난 지 채 5년이 되지 않은 지금, '불편함'이라고 이야기됐던 방송 현장의 관행들은 이제 '잘못'이 되었고 상식적이지 못한 문화가 되어 있다. "원래 그런 것은 없다"라는 대책위

(tvN 〈혼술남녀〉 신입 조연출 사망사건 대책위원회) 구호가 시민들의 공감대를 얻은 대표 슬로건이 될 수 있었던 이유도, 누군가 불편함을 말해주길 우리 사회가 침묵 속에서 기다리고 있었다는 방증이다.

— 직원들끼리 이야기를 하다가, 가끔 [문제 제기를 하는] 제가 '유별나다'라는 식으로 이야기하는 경우가 있는데, 그렇게 되면 보통 저에게 동의해주는 사람도 있고 그렇지 않은 사람도 있겠죠? 그런 것과 관계없이 '나한테는 한빛이 같은 친구가 있어'라고 하면 마음이 되게 편해요. ·준영

— 한빛이는 그냥 넘어갔던 것에 대해서 매우 새로운 방식으로 얘기하고, 때로는 되게 불경스럽다고 느껴질 정도로, 무언가를 지적하는 행위에 스스럼이 없었어요. 그런 한빛이의 태도를 빌려서, 저도 일상에서 어느 순간부터 '한빛이라면 이렇게 생각했을 것 같다'라고, 딱히 의식해서가 아니라 자연스럽게 그렇게 생각하게 돼요. ·잔디

— 저희 친구들이 다 같이 늙어가고 있지만, 이한빛은 언제나 20대에 머물러 있는 느낌이에요. 계속 생각하게 되죠. 한빛이었으면 어떻게 생각했을까? 물론 제가 한빛이의 의견을 마냥 따르지는 않았겠지만(웃음). 그래도 나한테 욕할 수 있는 친구로 남아 있어주는 것 같아요. ·태민

나이를 먹으면 사라지는 것이 열정이나 에너지라 생각하기 쉽지만, 인지할 새도 없이 잃어버리는 것은 바로 '불편함'이다. 더 이상 피해받지 않는 위치에 서면서 불편함을 잊기도 하고, 기대도 희망도 남아 있지 않기에 불편함의 표출을 어느샌가 포기해버리기도 한다. 애초에 불편함이 발생할 공간에서 도피하는 이들도 있다.

형은 스물여덟 살에서 더 나이를 먹지 않고 그대로 남아 있다. 앞으로도 한빛의 불편함은 사라지지 않을 것이다. 한빛에 대한 기억을 따라갈 수만 있다면, 그가 세상에 계속해서 꺼냈던 불편함을 우리 안에서 잃어버리지 않을 수 있지 않을까?

20년 전만 하더라도 사람을 평가할 때, 경상도 출신이니 전라도 출신이니를 따져 지역에 대한 차별적인 발언을 서슴지 않았다. 하지만 요즘은 모두가 알다시피 어림없다. 그런 말을 하는 사람은 몰상식한 사람으로 취급받는다. 누군가의 불편함에 많은 이들이 공감했고, 불편함이 상식이 되었기 때문이다. 불편함을 용납하지 않는 공동체에서는 불편함을 표현하는 것 자체가 큰 용기이다. 불편하다는 말을 꺼내는 일은 구조에 균열을 내기도 하고, 차별과 혐오를 중단시키는 힘이 될 수 있다. 한빛이 했던 일은 그리 어렵지 않다. 우리도 할 수 있다. 누군가의 존엄과 권리를 지켜낼 수 있다.

자살에 대한 오해

'자살'에 대한 몇 가지 오해가 있는 듯하다.

청년의 죽음은 그것이 사고든 본인의 선택이든 주변 사람들에게 슬픔과 별개로 큰 당혹감을 준다. 죽음 앞에 살아온 시간의 무게는 평등하지만, 죽음 뒤에 남겨진 시간의 가치는 다른 것으로 여겨진다. 사람들은 아무래도 청년에겐 삶을 바꿔나갈 기회가 남아 있다고 기대하는 듯하다. '살아 있기만 해도 지금까지와는 다른 삶이 있지 않았을까?', '살아남았다면 얼마나 더 많은 일을 해냈을까?' 수많은 질문들 사이에는 안타까움과 아쉬움, 황망함이 짙게 배어 있다. 그러나 애석하게도 청년의 죽음 중에서 절반은 스스로 선택한 것이다. 남아 있는 삶에 대한 기대가 달라서일 테다. 혹은 지나온 삶에 대한 해석이 달라서일 수도 있다.

죽음은 일상과 아주 가까우면서도 너무나 멀리 있다. 평소에는 아예 존재하지 않는 것처럼 가려져 있다가, 기척도 없이 섭사

리 찾아온다. 때문에 주변 사람 대부분은 상황 자체를 쉽게 이해하지 못한다. 머릿속 실타래가 엉킨 채 남아 있는 것보다는 명쾌하고 단순하게 정리하고 싶어하는 것이 사람 마음이다. 때문에 많은 죽음이 해석하기 쉬운 방향으로 수렴된다. '원래 우울증이 심했던 사람이겠지.' '너무 충동적인 선택이었어.'

우울감과 충동적 선택만이라는 말만으로는 스스로 죽음을 선택한 사람을 이해할 수 없다. 당연한 이야기이지만, 아무리 가까운 사람이더라도 누군가를 온전히 안다고 확신할 수 없다. 삶의 마지막 종착역인 '죽음'에 이르기까지 그가 지나쳐온 수많은 정거장을 우린 알지 못한다. 다층적인 상황이 겹겹이 쌓여 있기에, 함부로 이유를 찾기도 해석을 하기도 어렵다.

네 명 중 한 명. 자살을 한 번이라도 생각해본 적이 있다고 응답한 청년의 숫자이다. 2020년 서울시 청년활동지원센터에서 조사한 이 설문 결과는 숫자 이상으로 무겁게 다가온다. 세계에서 열 번째로 잘나간다는 선진국의 위엄을 비웃는 듯하다. 아픔과 상처가 기본값인 시대이다. 괴로움의 끝에서 이별을 선택한 사람을 편견 속에서만 바라본다면, 우리는 내일도 똑같은 죽음을 맞이하며 슬퍼할 것이다.

그렇기에, 떠난 이의 마음을 헤아려보는 작업은 매우 중요하다. 나의 형은 자살로 생을 마감했다. 나는 형의 죽음을 쉽게 해석하고 과도하게 해석하지 않기 위해 언제나 경계한다. 하지만 형의 마음속을 조심히 그리고 끈질기게 보려고는 노력한다. '어떻게 살고 싶었을까.' '무엇을 사랑했을까.' '왜 쉬고 싶었을까.' 이 한빛을 떠나보낸 주변의 사람들도 지난 5년간 그의 죽음을 해석하기 위해 각자의 노력을 이어오고 있었다. 형과 학생운동을 함께했던 잔디는 이렇게 말했다.

— 오랫동안 한빛의 죽음을 정말 받아들이기 어려웠어요. 아무리 전후 사정과 맥락을 고려하더라도, 너무나 큰 상처를 남기고 떠났어요. 그런데 요즘은 생각이 바뀌었어요. 어느 순간부터인가 '죽음'이라는 것에 대해 생각하게 되더라고요. 단순히 이한빛이라는 내 친구의 죽음이 아니더라도, 죽음이라는, 누구에게나 한 번은 찾아오는 일반적인 것에 대해서요. 죽음의 무게에 대해서는 대중문화와 책에서도 많이 나오잖아요. 그런 것을 볼 때마다 한빛이의 죽음이 생각나요.

물론 충동적인 자살도 있겠지만, 한빛이는 매우 힘든 상황에서 한 선택일지라도 결코 충동적이지 않았어요. 생각을 많이 했을 것이고. 평소에 남긴 글보다는 글[유서]이 짧긴 했지만(웃음). 어찌 되었든 하고 싶은 말의 핵심이 담긴 글을 남겼고, 자신의 글이 가져올 영향에 대해서 생각을 했어요. 이러한 선택은 존중받아야 한다고 생각해요.

그래서 죽음을 쉽게 이야기하지는 않으려고 해요. 다만 술을 마시다 보면, '조금만 버티지' 하는 생각도 해요. 제가 아는 한빛이는 항상 어디 한곳에 머물지 않고 새로운 공간에 나가서 더 새로운 것을 기획해냈던 사람인데. 그렇게 견디면서 성장했기 때문에, 한빛이었으면 양심의 가책을 느끼지 않고 남을 착취하지 않는 판에서 자기가 할 수 있는 것들을 불완전하지만 해내는 역할을 맡지 않았을까? 아쉬움이 있어요.

그럼에도 한빛 말고도 여러 이유로 떠난 사람들이 있기도 하다 보니, '한빛이는 정말 젊은 나이에 그런 선택을 했지만, 결코 가볍거나 충동적인 결정은 아니었구나' 하는 생각을 나이를 먹으면서 계속하게 돼요.

 • 잔디

— 한빛 핸드폰에서 음성녹음이 하나 발견됐잖아요. 연출팀 선배 피디가 드라마 촬영 현장에서 한빛을 비롯해 스태프들에게 하는 욕설이었고 드라마 현장의 모습을 그대로 보여주는 기록이었죠. '얘가 이거 하나 남기고 나머진 다 지웠구나'란 생각이 들었어요. 거기 안에 사실 어떤 고민을 했는지가 담겨있었고, 이게 하루 이틀 한 고민은 아니었겠다는 생각이 들었어요.

 • 가은

　　잔디와 가은은 형과 삼총사 같은 관계였다. 노동운동과 학생회 활동까지 수년의 시간을 함께 보냈던 막역한 친구들이다. 그리고 가은은 드라마 피디라는 진로를 선택하며 형과 같은 길을 걸었다. 가족보다도 형을 더 잘 아는 친구들은 오히려 선택을 존중한다. 형은 좌절했고 우울하지만은 않았다는 것이다. 결코 가볍고 충동적인 것도 아니었다.

　　타인의 아픔에 공감하려는 마음은 중요하지만, 떠난 사람의 좌절과 우울에만 주목하다 보면 오히려 그를 지나치게 평면적인 사람으로 만든다. 누구보다 강했던 사람이 죽음을 선택하기도 한다. 또한 사람은 누구나 강하면서도 약한 존재이다. 형의 죽음에는, 세상을 아주 신나게 즐기려 했던 모습, 조금이나마 따뜻하게 사회를 바꾸고자 했던 의지, 높은 장벽을 마주한 분노와 좌절 등이 다층적으로 쌓여 있다. 비단 형뿐만 아니라 이 세상에서 마지막 선택을 했던 수많은 청년이 그러했을 것이다.

물론 어떤 이유에서라도 죽음이라는 선택 자체를 긍정할 수는 없다. 역사와 죽음 앞에 가정은 무의미하지만, 다시 돌아간다면 온 힘을 다해서 형을 설득하고 선택을 만류했을 것이다. 다만, 형이 세상을 등지는 선택을 했을지라도, 주변 사람들이, 세상이 그를 약하게 만들었다고 속단하지 않고, 같이 좌절하지 않아도 된다고 다짐한다. 형의 친구들은 이렇게 이야기했다.

— 유쾌한 모습이 더 많이 기억되었으면 좋겠어요. 주변에서 한빛을 잘 모르는 사람들이 '원래 우울증 같은 게 있었어?' 같은 이야기를 많이 했어요. 누구나 그렇게 생각하기 쉬우니까요. 하지만 한빛은 사람들이 쉽게 생각하는 그런 모습은 아니었어요. 굉장히 밝고 자기가 하고 싶은 일이 진짜 많았던 사람이었거든요. 사실 펼치지 못한 것들이 많고요. 그런 것들을 기억했으면 좋겠어요.

· 슬기

— 한국에서 제일 유명한 피디 중 한 명이 됐잖아요. 그렇게 길을 만드는 것도 되긴 하지만, 좀 그냥 살아서 같이 그냥, 드라마 한자락에 조그맣게 이름 남기는 사람이 되고 가끔 보고 가끔 여러 가지에 대해서 이야기 나누면 좋겠다는 생각이 많이 들었던 것 같아요.

· 가은

우리는 스스로 선택한 죽음을 너무나 많은 공간에서 마주한다. 그럴 때마다 살아 있는 사람들은 스스로 버텨내기 위해 죽음에 큰 의미를 부여하기도 하고, 떠난 사람을 최대한 이해해보려 하기도 한다. 특히 사랑하는 관계에서 이런 일이 갑작스럽게 벌어진다면, 어떻게든 비워진 마음의 공간을 채우고자 노력하게 된다. 하지만 각각의 죽음에 마땅한 의미를 부여하는 과정에서, 때론 어떤 이들의 서툰 해석이 생애를 평면화하기도 한다.

삶과 죽음의 복잡한 실타래를 가볍게 해석하지 말자. 내가 좋아했거나 존중했던 사람의 죽음을 기억하고 추모할 일이 생긴다면, 힘든 시간이지만 아주 긴 호흡으로 집중을 해보자. 그렇게 생각하다 보면, 떠난 사람들이 마지막 순간까지 남기고 싶어했던 흔적을 천천히 담을 수 있을 것이다.

우리는 그동안 너무 많은 사람을 떠나보냈다. 그들의 죽음을 느리게 따라가다 보면, 오해 뒤에 가려진 죽음의 의미를 이해하면서, 떠난 사람을 온전히 추모하고 기억하는 시간을 가질 수 있을 것이다. 그리고 그 시간은 남아 있는 사람이 더 오래 버티고 살 수 있게 해주는 격려가 될지도 모른다.

빛이 남긴 것

"네가 남긴 것은 따스한 체온이었다." 형의 방송국 입사 동기 변수민 피디가 형의 추모사에 쓴 마지막 문장이다. 죽은 사람이 살아 있는 사람에게 따뜻한 체온을 남겼다는 역설적인 말이 오랜 시간 머릿속에서 맴돌았다. 떠난 사람과 남아 있는 사람의 연결고리로, 실제 벌어졌던 일의 정확한 사실관계보다는 서로에게 새겨진 '기억'의 모양이 더 중요할지도 모르겠다는 생각을 했다.

사람의 기억은 완전하지 않다. 물론 시간이 지나도 무뎌지지 않는 슬픔이 있지만, 애석하게도 기억은 시간이 지날수록 흐릿해진다. 세상 모든 시련을 함께 겪어가자던, 패기 넘치던 학창 시절 친구들은 1년에 한두 번 만나 안부를 묻는 사이가 되었다. 10년 전 나눴던 감정은 잔흔으로만 남아 있다. 미주알고주알 나눴던 대화와 무모했던 에피소드들의 전말은 정확히 기억이 나지 않는다.

옛 기억이 흐릿해지면 일기장을 열어보곤 한다. 잠들어 있던 뇌세포가 번뜩이는 것도 잠시. 기록만으로는 그때 그 시절을 정확하게 추적해내는 데 실패한다. 힘들었을 때 옆에서 지켜주었던 사람, 성격과 가치관에 영향을 주었던 사건 정도만 그나마 기억해내곤 한다. 모든 것을 기억하며 사는 것은 불가능하니, 내적인 기억투쟁을 벌인 것이다.

한국에서는 유독 죽음에 무거운 의미를 부여한다. 누군가의 죽음에 대한 사회적 무게감을 지고 수많은 투쟁이 전개되어왔다. 시민들은 죽음을 추모하며 그런 투쟁에 응원과 지지를 보낸다. 2010년대에는 세월호, 김용균, 이한빛의 죽음이 그러했다. 가장 뜨거웠던 투쟁의 시기가 지나면 기억투쟁의 시간으로 접어든다. 사건의 기억을 어떻게 남길 것인지, 떠난 사람을 어떤 모습으로 기억할 것인지, 살아 있는 사람들 각자의 마음이 투영되어 각자의 죽음이 구성된다. 그리고 시간이 지나 모두의 기억 속에서 흐릿해졌을 때, 기억투쟁에서 살아남은 것들만 우리에게 간직된다.

이한빛 피디에 대해서는 무엇이 기억되고 있을까? 형이 떠난 후 5년이 지난 지금, 누군가에게는 방송계 노동환경을 개선하려고 노력했던 투사로 기억되고 있고, 누군가에게는 아이돌을 좋아했던 순수한 친구로 남아 있다. 각자가 기억하고 싶은 방식대로 기억하는 일이 우선되어야 함에도, 다소 아쉬운 마음은 있다.

한빛 형의 일상만을 기억하다 보면, 10년 뒤에는 지금의 감정마저 남아 있지 않을 수 있다. 마치 영화 〈토이 스토리〉의 교훈처럼, 새로운 친구를 사귀고 새로운 삶을 마주하면 그전의 감정과 기억이 조금씩 마음에서 멀어지게 될 것이다. 사람이 간직할 수 있는 것들의 총량이 제한적이니.

하지만 한빛 형이 투사로만 기억되는 것도 위험하다. 시대가 변함에 따라 공동체의 가치가 변화할 뿐만 아니라, 영웅 신화는 형의 고민을 담아내지 못한다. 형은 보통의 사람이라면 누구나 원할 소박하지만 소중한 것을 바랐다. 투사는 그런 사람들의 삶에서 멀게 느껴질 수밖에 없고, 그렇게 멀어지다 보면 형의 바람이 평범한 일터의 동력이 되기 어려워진다. 그것이야말로 한빛 피디가 정말 바라지 않았던 자신의 이미지일 것이다.

형의 친구들은 형의 선한 영향력이 일상에 스며든 것 같다고 덧붙였다.

— 자기 삶을 평소에 보여주는 것만으로도 선한 영향력이 있는 친구였어요. 그 사람이 떠난 것만으로도 사람들이 아파하는 것을 보면서, 이게 선한 영향력이라는 것을 체감했어요. 이 사람이 떠나도 계속 이 사람이 곁에 있는 것으로 만들어주는…. 한빛은 그런 메시지를 가지고 있었으니깐. 저는 '어떻게 사는 삶이 의미 있는 삶일까'를 자주 고민해요. 그럴 때마다 한빛 같은 사람들이 끼친 영향에서 삶의 동력을 얻는 것 같아요. 한빛은 오히려 사회적으로 문제 제기하는 측면이 커서, 사람들에게 끼친 선한 영향력에 대해서는 잘 이야기되지 못한 듯해요. · 윤영

— 항상 생각하는 게 있어요. 가끔씩 수습이랑 인턴들이 들어오면 '후배 누가 문제다', '이번 수습들 이상하다던데' 이런 얘기를 되게 많이 해요. 2016년 이후에는 그럴 때마다 많이 불

편해졌어요. 그럴 때마다 어떤 말도 하지 않아요. '누가 왔을 때 문제가 되면 그것은 조직의 문제가 아닐까' 생각하게 되고요. 그렇게 말한 사람들에게 뭐라고 하지는 않지만, 반기를 들거나 하지는 못해도 침묵을 지키게 되죠. 그래도 분명 여기는 달라졌어요. 잘못되었으면 잘못되었다고 말할 수 있어요. 그것이 달라졌어요.

• 민호

— 투사로만 기억될 수 없다고 보거든요. 늘 당당했고 늘 새로운 것을 해봤던 청년이었다? 모든 사건에 대해 늘 그런 식으로 살았던 친구예요. 그렇게 일상을 살아갔던 사람으로 기억되면 좋겠어요. 물론 결국에는 꺾였지만. 일단 피디를 한 것도 매우 특이한 루트거든요. 기자도 아니고 정말 특이한 것이죠.

• 경수

투사도 열사도 아닌 경계의 어딘가. 삶을 존중하고, 불편함을 표현하며, 새로움을 찾아가던 스물여덟 살의 청년이 있다. 그의 따스한 체온이 남아 같은 시대를 살아가며 아픔과 기쁨을 공유했던 사람들을 어루만진다. 많은 청년들이 한빛에게 자신의 삶을 투영해보기도 하고 자신을 돌아보기도 하며 그를 기억해오고 있다. 이들의 이야기를 소중히 기록으로 남기면 좋겠다. 그리고 기억투쟁에서 의미 있게 남길 수 있는 한빛의 표상은 '평범한 청년의 작고 용기 있는 외침'이 되면 좋겠다.

물론 청년이라고 불리는 집단 안에도 M세대와 Z세대라는 10년 남짓의 시간 간극이 있다. 노동, 자산, 젠더 등 다양한 이해관계도 혼재되어 있다. 당연하게도 청년을 단일하게 정의 내리기란 매우 어렵다. 이런 상황에서도 한빛은 공적인 영역에서 청년의 상징으로 소환되곤 한다. 그가 왜 기쁘고 슬프고 행복하고 좌절했는지가 시민들에게 청년의 분투로 전달되었기 때문이다. 청년의 표상으로 공감을 이끌어냈기 때문이다.

　형이 세상을 떠나고, 형이 일했던 회사 CJ ENM은 방송업계의 오랜 잘못을 인정하며 공식 사과를 했다. 그리고 고인의 뜻을 이어가기 위해 한빛미디어노동인권센터가 출범하여 방송업계 구석구석까지 찾아가며 활약 중이다. 한빛센터가 형이 지키고자 했던 일, 꿈, 가치를 기준으로 활동을 이어간다면 형의 마음은 결코 사라지지 않고 기억될 것이다. 같은 시대를 살아가는 청년들이 형에게 공감하고 응원했던 모습, 그리고 친구들이 남기고 싶었던 이야기를 잘 조립해낸다면, 기성세대가 호명해낸 청년이 아니라 자신을 이야기하는 청년이 사회에 드러날 것이다. 나는 그렇게 믿으며 오늘을 살고 있다.

2

보통이
지워진 사회

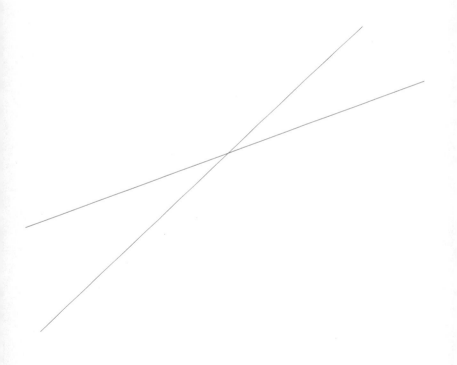

한빛, 보통의 청년

'청년'이란 어떤 사람인가? 청년을 규정하고 분석하고 대변하는 오만 가지 사람들이 있다. 한국언론진흥재단에 따르면, 지난 10년간 중앙언론사가 다룬 2030 키워드 비율은 꾸준히 증가했다. 이 시대의 이야깃거리가 된다는 말이다. 하지만 청년 연구자 김선기에 따르면, 주요 일간지에서 청년세대를 다룬 이야기 중 청년세대가 직접 발화한 경우는 고작 7.4%에 그친다. 청년은 팔리고만 있지, 스스로 담론을 생산하고 있지는 못한 것이다.

그렇기 때문에 청년담론은 때로는 방향을 잃기도 한다. 정치는 정치대로 언론은 언론대로, 본인들이 만들어내는 청년담론이야말로 보통의 청년들에 관한 이야기라고 주장하지만, 알맹이보다는 자극적인 껍질에만 편중되어 있다. 집 살 돈도 없으면서 '영끌'을 하는 모습, 빚을 지면서까지 주식과 코인에 투자하는 모습, 온라인 커뮤니티에서 혐오로 뭉치는 모습, 비정규직을 정규직으로 전환하면 공정하지 못하다며 분노하는 모습이 대표적이다. 하지만 정작 당사자에게 이런 시선이 맞는지 물어보면, 십중팔구 자신은 해당되지 않는다고 답할 것이다.

어떤 청년의 모습은 청년 일반을 대표하지 못한다고 비판받기도 하고, 목소리 큰 사람의 주장이 청년의 모습인 것처럼 호도되기도 한다. 때로는 이런 질문이 따라붙기도 한다. 김용균, 이한빛, 이선호, 변희수 등등 우리가 기억하고 있는 이 이름들은 특이한 청년일까? 모르긴 몰라도 하나는 분명하다. 청년도 한 명의 사람이다. 사회구조 속에 존재하지만, 고민할 것도 많고, 하고 싶은 것도 많고, 희망과 한계를 동시에 경험한다. 사람이라는 존재는 누구나 자기만의 서사를 가지고 있고 다층적인 면모를 지니고 있기 때문에, 표면에 드러나는 행위만 보고 말하면 오류가 나기 마련이다. '이대남', '이대녀'는 어떤 특징이 있다느니, 90년대생은 어떤 마음가짐으로 살고 있다느니, 이해를 위한 분석은 일정 부분 필요하더라도, 우선은 외적으로 드러나는 특정 집단의 모습을 일반화하지 않아야 꼬인 논의의 실타래가 조금씩 풀릴 수 있다. 나 역시 형에 대한 이해를 그렇게 시작했었다.

2017년 5월은 드라마 현장의 문제를 지적하며 세상을 떠난 한빛 피디 사건이 수면 위로 올라오고, 한빛 피디의 명예 회복과 방송 현장 개선을 위해 유가족과 청년유니온 등의 노동단체가 모여 출범한 대책위 활동이 정점에 이르렀을 때이다. 한빛 피디의 고민에 시민들은 전폭적인 지지를 보냈고, 대책위는 흐름을 타고 노동절 집회에서도 다양한 퍼포먼스를 기획했다. 그리고 그곳에서 나에게는 다소 낯선 상황이 벌어졌다. "이한빛 열사의 정신을 이어받아, 방송 현장 비정규직 문제를 해결하자"라는 구호가 등장한 것이다. 절절한 형제애가 없기도 했지만, 누구든 친형 이름 뒤에 붙는 '열사'가 자연스럽게 느껴질 순 없을 테다.

물론 그렇게 불러주신 분들에게 진심으로 감사하다. 다만 나에게 열사 하면 떠오르는 이미지는 전태일, 박종철, 이한열 같은 분들과 가까울 뿐이다. '찐형제'인 형은 나에게 이들과는 약간, 혹은 아주 거리가 있는 인물임에 틀림없었다.

우연히 이한열 열사의 일기장을 본 적이 있다. 우리가 쉽게 생각하는 것과 다르게 열사로서 갖추어야 할 삶은 존재하지 않았다. 대학생 이한열도 열사 너머의 삶이 있듯, 나의 형도 열사 이전의 삶이 있었다. 형과 취업스터디를 같이했던 슬기, 대학 동기 지웅, 대학 선배이면서 지금은 기자로 일하는 지오, 형과 학생운동을 함께했던 잔디까지, 형을 기억하는 사람들에게는 열사라는 이미지와는 반대의 기억이 많이 남아 있었다.

— 사실 5월달 클럽발 코로나가 터졌을 때, 한빛부터 떠올랐어요. 한빛이 클럽 이야기를 워낙 많이 하고 다녀서 한빛에게서 클럽 간접 경험을 가장 많이 했어요(웃음). 재밌는 사람이었던 것 같아요. 아이돌 얘기로도 한 두세 시간 이야기할 수 있고, 어떤 주제를 가지고 와도 그만큼 이야기할 수 있는…. 지식도 방대하고 관심사도 다양한 사람이었어요. 면접 보러 갈 때 가죽바지 입고 아이라인 그리고 갔다고(웃음). 자기가 아이라인을 어떻게 잘 그리게 되었는지, 그것 가지고도 두세 시간 이야기를 했죠.

춤추는 것을 되게 좋아해서 댄스학원을 다녔거든요. 몇 번 약
속을 잡다가 시간이 안 맞는 주요 이유가 댄스학원이었어요.
그런 점들이 흥미롭게 느껴졌어요.　　　　　　　　　　•슬기

—　[방송업계에] 한빛이가 좋은 영향을 준 게 맞다고 생각해요.
다만 저한테 한빛이는 그냥 볼 때마다 너무 재밌고 되게 영
감을 많이 주는 친구였고 한편으로는 경쟁 상대이기도 했는
데, 사라진 게 너무 아쉬운 친구죠. 인생의 되게 즐거운 부분
이 하나 사라진 거고. 저한테 엄청나게 많은 영향을 줬기 때
문에. 그 친구가 저의 큰 부분이었죠.　　　　　　　　•지웅

—　제가 기억하는 한빛은, 순수하다. 순수하니깐 제가 처음 봤을
때부터 끝까지의 한빛을 모두 다 설명할 수 있는 것 같아요.
그러니깐 그런 상황에서 고통스러워했던 것이고. 반대로 대
학 때 치열한 싸움 속에서도 당시 '총장실 프리덤'[〈이태원 프
리덤〉이라는 가요를 접목해 투쟁 현장을 하나의 즐기는 장으로 만
들었던 기획] 같은 획기적인 기획도 할 수 있는 것이고. 개인
적으로 저랑 담배 피울 때에도 격이 없었어요. 보통 후배들이
저를 대할 때 까불거나 어려워하는데, 한빛이는 그 중간 어딘
가에 있었어요. 재밌고, 말 편하게 할 수 있고. 나이 차이를 극
복하는 사람이었던 것 같아요.　　　　　　　　　　•지오

—　한빛이는 자기가 기획자라고 불리면 제일 좋아할 거예요.
'고리타분'이란 단어도 참 쓰기 싫은데, 어쨌든 한빛은 새로

운 것을 많이 기획하고 싶어했어요. 운동의 투사라기보다는 오히려 운동의 대중화를 고민했던 사람이었어요. ○○ 시위를 보면서 '무대가 너무 구리다', '이런 기획은 어떻게 가야 한다' 등의 평가를 했을 거예요. 그런 새로운 면모들이 한빛의 본질이라고 생각해요.

어쨌든 한빛은 죽은 이후에 공인이 되어버려서. 공인이 추상되는 바는 다를 수밖에 없고, 이미 공적 공간으로 던져진 상태죠. 이게 조금 더 격화되면 기억투쟁이 되어버리는 것이라. 여러 가지 기억들이 논의가 될 것이라고 생각해요. ・잔디

죽음 중에는 매우 공적인 의미를 갖는 죽음이 있다. 앞서 언급한 민주화 열사들이 그러하고, 김용균처럼 우리 사회를 크게 변화시킨 경우도 그러하다. 다수의 시민들이 그들의 죽음에서 받은 메시지가 있기에, 사회가 투영하는 정형화된 이미지만 강조되는 경향이 있다. 그들의 죽음이 공적이라 해서, 그들의 삶이 오롯이 공적인 것은 아닐 테다. 한빛을 기억하는 사람들이 아쉬워하는 이유도 이 때문이다. 그리 멀지 않은 사람이었다. 보통의 사람이었다. 열사라고 하면 보통 사람들의 일상과는 괴리가 있을 듯하지만, 형은 불평등, 불안, 병들어온 일터의 문화 등 일상에서 벌어지는 일들에 대해 평범하면서도 당연한 고민을 했을 뿐이었다.

— 열사가 되진 않았으면 좋겠다는 생각은 있어요. 열사는 되게 무겁고 되게 고결해야 될 것 같잖아요. 한빛이는 좀 있는 그대로 좀 냉소적인 부분들도 다 기억됐으면 좋겠고, 되게 부끄

러웠던 순간들도 기억이 됐으면 좋겠는데. '열사'가 되고 '아름다운 청년'이 되는 순간 참 그런 이야기만 해야 될 것 같아서(웃음). 진짜 한빛이 얘기를 많이 못 할 것 같고, 한빛이가 다른 사람이 되어가고 있다는 생각이 들더라고요.　　　• 가은

— 저는 열사 이런 게 아니라, 사람으로 기억되었으면 좋겠어요. 의식 있는 청년 이런 모습보다는 고민이 많았던 사람으로요. 내적인 갈등과 고민이 많았던 사람. 그래야 나도 조금 더 한빛이에 공감할 수 있을 것 같아요. 10년, 20년 후에 다시 생각해보더라도, 지금의 내가 하고 있는 고민들이랑 별반 다를 게 없는 고민을 하던 사람으로 기억되면 좋겠어요.　　　• 태민

　　형은 고민이 많은 사람이었다. 형을 설명하는 말로 가장 정확할 듯하다. 완벽한 사람은 당연히 아니었다. 사회생활을 하며 잘못 행동한 적도 분명 있었고, 함께 일했던 모든 노동자에게 공정하고 세심한 대우를 하지 않았을지도 모른다. 금수저도 아니다 보니 '유아독존'으로 살지도 못했을 것이다. 모르긴 몰라도 방송업계 노동 실태에 대한 고민보다 클럽이나 패션에 투여한 시간이 더 많았을 수도 있다.

　　한국사회는 처절한 투쟁의 역사를 거치며 너무나 많은 사람들을 쉽게 떠나보냈기 때문에, 허망한 죽음 앞에서 진지하고 숭고해질 수밖에 없었다. 그러나 동생의 욕심으로, 나는 형을 열사가 아닌 사람들의 곁에 두고 싶다. 비슷한 시기에 세상을 떠난 청년 노동자들도 마찬가지이다. 정형화된 방식으로만 추모를 이어

가면, 일상을 살아가는 사람들에게 존재가 점점 멀어지기 쉽고 고인의 다양한 흔적이 주변 사람들에게서도 지워질 수 있다.

한빛 피디가 아주 진지하지 않았다거나 영웅적인 행동을 보이지 않았다고 해서, 그가 남긴 메시지의 가치가 달라지지는 않는다. 형이 남긴 마지막 이야기는 방송 현장에서 노동이 조금이나마 존중받으면 좋겠다는 아주 소박한 바람이다. 대책위가 많은 지지를 모아 대기업 방송국의 사과를 받은 이유도, 멀지 않은 곳에 있었던 '보통의 한빛'이었기 때문이다. 나의 노동이, 그리고 다른 사람들의 노동이 또한 존중받아야 한다는 형의 생각은 시민들의 폭넓은 공감대를 얻었다. 어렵지 않으면서 평범한 고민에서 비롯되었기 때문이다.

보통의 청년, 한 명의 사람인 한빛. 나는 형과 또 다른 청년 누군가들을 다르게 보지 않는다. 사람들의 마음을 위로하거나 신나게 하는 기획을 다양하게 벌이고 싶어했던 형의 모습은 우리가 익숙하게 만날 수 있는 청년의 모습이다. 우리가 기억하는 한빛의 죽음엔, 좌절과 우울보다는 그의 고민과 바람이 특별하지 않게 남아야 한다. 그리고 지금도 똑같은 고민을 하는 어떤 청년이 우리 사회 곳곳에 있다.

깔깔이가 된 청년들,
80퍼센트의 맥락이 편집됐다

TV 오디션 프로그램에서 '힙통령', '락통령' 하며 오디션 참가자를 희화화시키는 경우를 종종 볼 수 있다. "저는 이 신(scene)을 바꿀 래퍼가 될 거예요." "대한민국의 록은 제가 부흥시키겠습니다." 자극적인 멘트들을 우습게 편집해 사람들의 흥미를 끌 만한 소재로 활용하는 경우를 방송가에선 흔히 '깔깔이'라고 한다.

1년차 조연출은 깔깔이 장면을 편집하다가 고참 작가에게 묻는다. "우리가 이들을 이렇게 우습게 만들고 놀려도 되는 걸까요?" 작가는 대답한다. "우리 프로그램이 잘되어야지 이 사람들한테도 좋은 거야." 글쎄. 과연 높은 시청률이 자극적인 조명을 받은 당사자에게 좋은 일이었을까? 아니, '깔깔이' 역할은 예능 프로그램에서 그저 소모품에 불과하다. 그들은 사람들의 뇌리에 우스운 이미지로 남았을 뿐이다. 프로그램이 잘된 제작진들은 좋은 커리어를 하나 쌓아갔을 테지만 말이다.

요즘 뉴스들을 읽으면 청년이 오디션 예능의 '깔깔이' 같은 역할을 하고 있는 것 같다. 흥미를 끌기 어려운 다수의 청년은 삭제시키고, 부동산 투기에 매몰되어 있고 혐오에 동조하는 일부 청년의 모습만 자극적으로 조명한다. 그 덕에 청년에게 득이 된다거나, 본질적인 문제가 해결됐을 리는 없다. 언론 직장인의 하루 밥벌이가 해결되었을지는 몰라도. 깔깔이만 찾는 사회는 점점 초점을 잃은 카메라가 되어버린다.

"일반적인 청년들은 어떻게 생각할까요?" 청년들의 부동산 '영끌'에 대한 인터뷰를 하다가 또래로 보이는 기자가 궁금하단 표정으로 나에게 던진 질문이다. 영혼 가득 진심 가득한 그의 질문을 들었을 땐 컴퓨터 오류가 난 듯 머릿속이 멍했다. 질문의 의도가 무엇일까. 내가 일반적인 보통의 청년이 아니기 때문에 나온 질문일까. 내가 하는 말이 일반적인 청년의 주장이 아니라고 판단한 걸까. 1990년생인 나는 '청년기본법'상 국가가 공인한 청년이긴 한데 말이다.

청년으로서 나는 특이할 것이 없다. 현재 청년 가구 중 가장 많다는 1인 가구로 살고 있다. 내 집을 마련하지 못했기에 80%가 넘는 청년 세입자 중 한 명에도 포함된다. 청년 노동자의 월평균소득보다는 오히려 조금 부족하지만, 특별할 것도 없다. 정규직 직장인이 아니니, 수많은 아르바이트·계약직들과 함께 노동자 계급 중에서도 나름 다수 그룹에 속하는 듯하다. 꼭 '일반적인 청년'에 속하고 싶은 것은 아니지만, 일자리, 주거, 가구 구성 등을 기준으로 바라본다면 아니라고 말하기도 어렵다.

질문을 던진 기자는 대출을 열심히 알아보며 수도권에 집을 살 준비를 하고 있었다. '부동산 영끌'을 위해 노력하는, 언론이 말하는 바로 그 청년이었다. 그렇다면 영끌을 해서 내 집 마련이 가능한 정규직 다인 가구의 기자가 일반적인 청년일까, 아니면 내가 일반적인 청년일까. 절대적인 수만 봤을 땐 나와 같은 이들이 청년 중 상당 비중을 차지하고 있지만, 언론과 정치가 주목하는 의미 있는 청년들은 나에게 질문을 던진 기자와 같은 이들일 테다.

'이른 나이부터 주식 투자 동향을 빠삭하게 이해하고 있고, 공정하지 못한 세상에 분노하며, 영끌을 해서라도 집을 사고 싶어하는 사람들.' 소위 MZ세대라고 불리는 2030 청년들에 대한 혹자들의 분석이다. 하지만 유복한 가정에서 자라 명문대를 졸업하고 삼성을 다니고 있는 20대 후반의 청춘과 쿠팡의 창고에서 택배 상하차를 하는 청춘이 어떻게 같을 수 있을까? 이들은 숫자에 불과한 나이라는 공통점을 빼면 다른 욕망으로 구성된 다른 계층이다. 조금 극단적으로 주장하자면, 그들이 상상하는 청년은 사실 보통의 청년이 아니다.

반지하 방에서 일자리를 찾고 있는 세입자 청년도 아니고 스쿠터에 오른 배달 노동자 청년도 아니다. 결혼하라는 잔소리를 애써 흘려들으며 편의점 '4캔 만원' 맥주로 하루를 정리하는 1인 가구 청년도 아니다. 세상을 짧게 스쳐갔던 청년들과도 멀어져 있다. 고등학교를 졸업하고 바로 취업해 점심으로 컵라면을 먹으며 스크린도어 작업을 하던 구의역 김군의 모습은 지워져 있고, 하청업체 계약직으로 일하던 태안화력발전소 김용균의 모습도 보이지 않는다. 무엇보다 세상에 대해 다양한 고민을 이어가다 세상을 떠난 나의 형 이한빛의 모습도 아니다.

서울과 수도권에서 집을 구매할 만한 자산을 모은 청년은 10% 남짓이다. 대기업과 공공기관의 공채를 통과한 청년도 20%가 되지 않는다. 부동산 영끌, 공채시험, 공정에 대한 이슈가 어떤 청년에게는 직접적으로 닿아 있는 것이 분명하지만, 사실 다수의 청년은 애초에 관여할 수 없다. 오히려 집 같지 않은 집에 세 들어 살고 있는 청년, 빽도 자원도 없이 독립해야 하는 청년, 직장에선 산재(산업재해)로 위협받으며 열정페이와 직장 내 괴롭힘으로 상처받는 청년들이 절대 다수다. 이들이 경험하는 불평등, 불안, 좌절에서 비롯된 고민이 우리가 아는 청년의 모습이다.

— MZ세대는 삶의 스펙트럼이 다양하잖아. 정부의 비트코인, 부동산 정책에 2030이 분노한다? 사실 내 삶과는 상관없는 일이야. 나는 내가 부정당하는 것을 정말 안 좋아하는데, 기성세대, 언론, 정치인들은 자꾸 한쪽으로만 매도를 하잖아. 그것에 대한 반발심리가 커. 차라리 '반지하, 옥탑방의 청년들을 위한 정책도 하겠다'라고 하면 별 불만이 없을 텐데. 청년 끌어올 때는 부동산에 영끌한다, 주식시장에 몰빵한다, 이럴 때만 써먹잖아.
　　　　　　　　　　　　　　　　　　　　　　　　　• 선규

사회에서 만난 친구 선규 또한 이러한 청년담론에 불만이 많다. 내가 대학이라는 테두리 안에서 4년이라는 시간을 보내고 군대에 갔다 와서 사회에 진출하는 루트를 선택했다면, 선규는 다른 루트를 선택했다. 그는 대학에 진학하지 않고 알바를 하다가 창업을 시도해보고 공인중개사 자격증을 따서 현장에 나가보기도 하다가 지금은 청년사회적기업의 계약직 직원으로 일하고 있다. 나에게 익숙한 삶의 패턴이 선규에게는 당연하지 않을 때도 있지만, 우리가 청년에 속하지 않는 건 아니다.

하지만 각자의 삶의 스토리는 삭제된 채, 우리는 '청년 깔깔이'로 편집되어 호명된다. 어떤 욕구, 어떤 관심사가 있는지보다 주식을 하고 있는지로만 묶여서 분석된다. 오디션 예능의 제작진들이 누군가를 '깔깔이'로 만드는 것은 직업적 성과를 위해서였다. 그렇다면 지금 대다수의 청년들을 혐오와 무기력의 집단으로 편집해서 우리 사회가 얻어갈 것은 무엇인가?

어떤 정치인에게는 선거 때 표일 수도 있고, 언론사에게는 기사 클릭 수일 수도 있다. 청년의 욕구를 핑계로 부동산 가격이 폭등하기를 바라는 다주택자의 욕심이 반영된 것일 수도 있겠다. 전국의 청년 중 80%는 매달 나가는 비싼 월세를 감당하며 불안한 미래를 마주해야 하는 상황을 경험하고 있다. 집에 대해 절실하게 고민하는 80%의 청년의 맥락을 거세하고, 고작 주택 소유 희망 여부와 대출 희망 여부만을 묻고 청년의 심리를 알았다고 자랑하는 것은 기만에 가깝다.

— 저는 IMF를 초등학교 때 겪었거든요. 제가 입학했던 2004년도에도 이미 대학생활을 하지 않고 학원만 다니거나 고시 공부로 직행한 대학생들이 정말 많았어요. 그때부터도 안정적인 것들을 택하려고 했죠. 사람이 안정적인 것을 추구하는 게 잘못은 아니잖아요. 마찬가지로 지금도 여전히 많은 사람들

이 안정적인 것을 추구한다고 봐요. 어떤 방식으로 하느냐에서 차이가 있지만요. 그리고 저는 여전히 어느 세대건 간에 안정적인 것을 추구함과 동시에, 삶에서 의미 있는 것을 찾고 싶어한다고 생각해요.

• 준완

이제는 청년이란 말을 하기가 껄끄러워진 30대 중후반의 준완은 이렇게 이야기한다. 18년 가까이 청년으로서의 시간을 보내며 사회가 청년을 소비하는 방식에 대해 익숙하면서도 불편하다. '유난'이라고 일컫는 영역들치고, 오늘의 청년만 특이하게 볼 만한 요소가 거의 없었다는 것이다. 2004년도 그랬고, 2010년대도 그랬고, 2021년까지도 그랬다.

그것들은 딱히 청년만의 문제도 아니었다. 2020년 '동학개미운동'이 한창 벌어질 때, 청년만이 아니라 온 동네 사람들이 다 같이 주식을 공부했다. 요즘은 초등학생들도 주식을 한다는 시대이다. 모 언론사의 기사에 따르면, 60대의 비트코인 투자 규모와 수익이 오히려 2030의 두 배가 넘는다고 한다. 따라서 청년들이 자산을 모으면 주식에만 넣는다는 분석은 크게 쓸모 있는 정보가 아니다. 오히려 주식이 빙산이라면 수면 아래에는 더 복잡하고 심각한 이야기가 모여 있다. 정규직과 비정규직, 다주택자와 세입자, 서울과 지방 등 격차와 불평등이 고착화된 가운데, 저성장, 코로나, 취업난, 부동산 가격 폭등까지 이어지며 불안이 만연해졌다. 주식을 포함한 수많은 현상은, 80%의 청년의 불안과 20%의 청년의 욕망, 그 사이에서 비롯된 것이다.

부산에서 태어나고 자라다가 서울의 메이저 대학에서 성인기를 보낸 윤아는 고향 친구들과 서울에서 만난 친구들 사이에서 괴리감을 강하게 느끼고 있었다.

— 소위 대기업 정규직에 취직해서 상위 20% 이내의 월급을 받는 친구들은, 정말 기성언론이 다루듯이 '집을 어떻게 살까', '육아를 어떻게 할까' 하는 고민이 중요해 보여. 회사를 50대까지 다닐 수 없을 것 같다는 고민이 포인트인 거지. '어떻게 자산을 모아서 치킨집을 차리지 않고 자산 증식을 통해 안정감 있게 살 수 있을까' 고민하게 되는 듯해. 주식에 관심을 가지는 것도 그렇고. 반면에 공공기관에 간 친구들은 '어떻게 하면 안정적이게 승진할까', '은퇴까지 어떻게 회사를 잘 다닐까', '월급이 적은 가운데 육아를 어떻게 해내야 하나'에 관심이 가는 거지.
이 친구들의 완전 다른 편에는, '다시 어떻게 일터로 돌아갈까'를 고민하는 친구가 있어. 지방에서 전문대를 나온 친구들 이야기야. '새로운 길로 가고 싶은데, 내가 그런 능력 자원이 있을까' 고민하지. 학력, 자원 등으로 인해 실질적으로 취업에 어려움을 겪고 있어. '내가 서른이 넘어가는데 다시 취직이라는 것을 할 수 있을까.' 이런 고민을 하지. 어떤 친구는 결혼이라는 형태로 해결하기도 하고. 직업학교에 들어가보기도 하지만 잘 안 되는 거야. 이미 나이도 너무 많은데, 여성을 뽑는 기업도 적은 것이지. 콜센터에서 일하는 친구는, 이 직업이 정규직이 아니다 보니 너무 스트레스를 받으면서도 다니는 거야.　　　　　　　　　　　　　　　　　　　•윤아

윤아의 고향 친구들에 관한 이야기, 또는 4년제 대학을 나오지 않은 서른 살 여성의 이야기는 왜 잘 언급되지 않을까? 80%의 청년에 대한 맥락이 잘리고 있었기 때문이다. 최소 50년은 더 살아야 하는 80%의 청년들이 느끼는 가장 큰 감정은 '불안'이다. 코로나가 터진 이후 청년 취업자 통계는 언제나 마이너스였으며, 구직을 포기한 사람까지 포함하면 확장 실업률은 무려 24.4%이다. 산업화 이후 청년 나이의 사람들이 일을 구하기 가장 어려운 시기라고 볼 수 있다. 지금 다니는 직장을 언제까지 다닐 수 있을지, 산업의 변화 속에서 망하지는 않을지 예상도 할 수 없다. 소득만으로는 답이 없어 부동산과 주식에 눈을 돌리려고 시도하지만, 이마저도 평균 8억이 넘는다는 부동산은 소수만 진입이 가능하며, 주식에 넣을 자산조차 모으기 어려운 경우도 많다. 답답한 상황이지만 마음 놓고 기댈 곳조차 없다. 세상은 너무나 빠르게 바뀌고 있는데, 나는 경쟁에서 이길 자신도 버틸 여건도 되지 않다고 느껴진다. 10년 뒤의 나를 도저히 상상할 수 없는 불안감이, 80%의 청년을 압도하고 있다.

청년들이 깔깔이로 조명되는 동안 그들의 일상은 사회에서 증발해버렸다. 청년을 있는 그대로 주목했다면 그들의 불안감을 가장 먼저 마주할 수밖에 없다. 대다수 청년들의 일상은 여전히 내일을 온전히 허락받고 있지 못하기 때문이다. 세대의 문제든 사회의 문제든 꼬여버린 매듭을 푸는 일은 청년들이 내면의 이야기를 깊게 들여다보고 나눌 때 비로소 시작할 수 있다. 지금의 불안이 어디서부터 오고, 어떻게 일상을 매만지고 어떻게 나아가야 할지, 천천히, 유심히 알아가는 과정이 필요하다.

공정하다는 착각의 착각

바야흐로 '공정'의 시대이다. 2019년, 조국 전 장관의 자녀 입시 특혜 논란을 시작으로 사회적 갈등이 심화됐다. 서초동 거리를 채운 조국 수호 시위대와 광화문 앞을 채운 태극기 부대. '다이나믹 코리아'의 현장을 국민 모두가 매일같이 생중계로 지켜봤다. 그렇지 않아도 불공정 논란이 있었던 대학교 수시제도 자체에 대한 회의론도 힘을 얻었다.

2020년, 인천국제공항공사의 비정규직 정규직 전환 이슈에 대해서도 공정성 논란이 이어졌다. 정책은 단순 명확했다. 정규직과 비정규직의 격차가 심각하니, 공공기관부터 비정규직으로 계약 맺는 관행을 없애자는 것이었다. 인천국제공항공사도 일부 직군을 비정규직으로만 채용하고 있었는데, 이들을 정규직으로 전환 고용하고자 했다. 하지만 공기업 중에서도 취업 선호도가 매우 높은 인천국제공항공사의 명성답게, 공시생들을 중심으로 '시험도 안 보고 입사한 사람들을 어떻게 정규직으로 전환할 수 있냐'는 비판이 터져나왔다.

물론 뛰어난 입시 성적으로 명문대에 입학하여 '경쟁의 1차전'을 우수하게 통과한 대학생들에게는 당황스러운 소식일 수도 있고, 공채 시험을 앞두고 있는 절박한 수험생들에게는 여러 감정이 교차했을 만한 큰 사건이었을 것임이 분명하다. 고위 공직자들이 자녀에게 특혜를 제공하며 부와 권력의 세습화를 자행하는 모습은 당연히 화가 날 만하다.

그러나 딱 거기까지가 전부다. 앞뒤 맥락 다 자르고 'LH 투기 의혹'까지 끌어오며 이 사건을 '청년'과 '공정'이라는 말로 몽땅 묶어버리는 혹자들의 분석은, 과한 것은 물론 그들만의 세상에 갇혀 있다는 느낌을 지울 수 없다. 메이저 대학 입시경쟁에 참여하지 않았던 청년, 정규직의 노동구조와 가깝지 않았던 청년, 서울이 아닌 곳에서 살아가는 청년들이 있다. 자신의 삶과 현재 벌어지는 공정 이슈를 직접적으로 연결할 수 있는 청년들은 그리 많아 보이지 않는다. 최소한 경기에 뛰기라도 해야 규칙이 공정한지를 논의할 텐데, 지금으로서는 선수에 등록되지도 않은 사람이 절대 다수이다.

— 공정이라고 하는 단어가 어떤 강렬한 인상을 주지는 않아요. 공감이 확실히 되려면 저 역시 그 단어를 사용해야 하는 분명한 이유가 필요한데, 지금 회자되는 이야기들은 만족스럽지 못해요. 단순히 우리 사회가 공정하지 못하다고만 얘기들을 하는데, 그냥 각자한테 유리한 식의 공정만 말하고 있다는 생

각이 들어요. 왜 그렇게 공정을 해석하는지에 대한 맥락도 볼
수 없고요.

공정이라는 단어를 그냥 제가 이해했을 때는, 일단 가져도 되
는 자와 가지면 안 되는 사람을 정의로운 기준으로 구분하자
는 이야기 같아요. 애초에 출발선이 너무 다르잖아요. 저한테
는 아예 공정하지조차 못한 거죠. 저도 제 조건보다 높은 것
을 바라볼 수도 있지만, 제가 가진 기회가 그렇지 못한 것을
요. 또한 제가 가진 기회보다도 더 주어지지 않은 사람도 많
고요.   • 지성

대기업이나 공공기관 공채를 도전할 만한 경제적·시간적 자
원도 충분치 않았던 지성 입장에서는, 시험은 남의 나라 이야기
였다. 현재 지역 도서관에서 일하는 그에게는 '공정'을 두고 벌어
지는 논의들이 애초에 일부에게만 열려 있는 게임처럼 느껴진다.
사실 동네 주민들과 책을 매개로 관계를 맺는 생활이 충분히 행
복하기 때문에, 분노하거나 슬플 이유조차 없기도 하다.

지성은 개천에서 용이 난다는 말에 대해서도 자조적이다. 그
가 경험한 세상은 개인의 능력만으로 시험을 잘 보는 곳은 아니
었으니깐. 명문대 학생들이 입시 성공을 이룬 근본적인 이유가 그
들의 교육 여건을 우수하게 제공한 부모의 자본 때문이라는 사실
을 우리는 너무나 잘 알고 있다. 2020년 SKY 신입생 2명 중 1명
은 고소득층 집안 출신이라는 통계가 놀랍지도 않다. 오죽하면
입시 성공의 요건으로 '부모의 정보력, 할아버지의 재산'이 꼽히
겠는가.

마이클 샌델은 『공정하다는 착각』을 통해 능력주의를 기반으로 한 경쟁은 애초에 불공정할 수밖에 없음을 지적한다. 놀랍게도 한국의 청년들은 샌델의 주장을 이미 간파하고 있었을지도 모른다. 청년들은 이미 능력주의를 절대적으로 신봉하지 않는다. 시험과 공채라는 제도가 완전무결하게 공정한 시스템이라고 '착각'하고 있지도 않았다. 구조 자체가 불공정하고 불공평하지만, 대안이 없어 무력했을 뿐이다. 이미 시험의 경로에서 벗어나 그것을 다른 세상의 일로 생각하거나, 낙타가 바늘구멍 통과하는 것처럼 쉽지 않다는 사실을 잘 알면서도 어떻게든 붙잡고 있는 청년이 있는 것이다. 2020년 KBS 세대인식조사에 따르면, 절차의 공정성에 집착하는 정도는 청년은 65.7%에 불과하고 오히려 50대가 82.8%에 달했다. 사실 공정 이슈를 주도한 사람들은 기성의 82.8%였고, 청년은 소비되었던 것일지도 모른다.

'공정'에 천착하기보다, '불안'의 마음에 집중하는 게 필요하다. 대기업, 공기업, 공무원, 주식과 부동산 대박이 아닌 선택지는 부정적인 미래만 그려진다. 지금 임금도 충분치 않은데, 그나마 다니는 일터마저도 4차 산업, 코로나, 기후위기 같은 이유 등으로 언제 사라질지 모른다. 이 와중에 집값은 천정부지로 치솟고 있다. 빨리 돈이라도 왕창 벌어서 주식과 코인, 부동산을 통해 안정적인 기반을 닦아놓든지, 공공기관 등 안전한 직종에 취직해서 미래의 불안을 해소하는 방법밖에 없어 보인다.

50만 명에 육박한다는 고시생의 한 명으로 지내다 최근에 고시에 회의감을 느끼고 그만둔 보영은 고시생 시절을 이렇게 회상한다.

— 시험이란 게 그렇잖아. 합격하거나 불합격하거나. 결과가 중요하지. 그 과정에서 무엇을 배웠고 무엇을 느꼈는지는 상관이 없어. 그냥 내가 이 답을 얼마나 잘 썼는지가 중요하단 말이야. 돈도 많이 쓰고 시간도 많이 쏟아야 하는 시험 경쟁에서 자신의 자원이든 일상이든 포기하는 것들이 너무도 많으니까, 불합격하면 그걸 정말 되돌릴 수 없는 상황에 놓이는 거지. 특히 나이를 그냥 보내면 그 자체로 마이너스가 되는 오늘의 분위기에서는, 그 압박감이 너무 무서워. 꼭 나 같은 고시생이 아니더라도 취업 준비하는 사람들도 마찬가지겠지.

• 보영

보영이 고시를 준비했을 때 밥을 살 겸 신림동에 가곤 했다. 실제 온도보다 스산했던 기억이 있다. 노량진이든 신림이든 고시촌의 공기가 왠지 다르다고 느끼는 사람이 주위에 상당히 많다. 어린 나이가 스펙이 되는 시대에 몇 년의 시간을 보냈음에도 고시에 실패한다면, 정상이라고 일컬어지는 경로를 이탈할 것만 같은 불안감이 엄습한다. 하지만 옆에 있는 동료만큼 돈을 투자할 만한 여력도 없다. 고시촌의 음습한 기운은, 능력주의만으로 설득될 수 없는 세상의 무게 속에서 시험이라는 제도의 절박함을 홀로 감당하고 있는 청년들의 마음에서 비롯되지 않았을까 싶다.

안타깝게도 경쟁에서 승리한 사람들은 운동장이 얼마나 기울어졌는지에 더 이상 관심을 두지 않는다. 한때 함께 느꼈을 고시촌의 어두운 공기는 극적인 성공 신화를 완성하기 위한 고난의 소재로 전락해버리곤 한다. 게임 자체의 룰은 동일했으니 합격한 이들에게 더 안정적으로, 더 많은 것을 누릴 권리가 주어졌다는 레파토리는 10년 전에도, 20년 전에도 지긋지긋하게 반복되어왔다.

일찌감치 공정 담론에서 청년을 떼어내고 기울어진 운동장에 주목했어야 했다. 공정 이슈가 사회에서 불이 붙었을 때, 차라리 불평등한 경쟁의 관행과 문화를 인정하고 경쟁 속에서 엄습하는 불안을 직시했으면 어땠을까 하는 아쉬움이 크다. 불안을 해소할 수 있는 문이 너무나 비좁아서 발이라도 하나 걸쳐보고자 아등바등 노력하는 청년 개인의 이기심에 책임을 전가해선 문제가 해결되지 않는다.

우리는 결코 공정에 대해 착각하고 있지 않다. 사회가 경쟁에 몰두할 수밖에 없는 청년을 냉소하지만 않았어도, 노동을 존중하지 않는다고 푸념 섞인 비난을 하지 않았어도, 현상만 보고 20대가 보수화되었다고 개탄하지 않았어도, 이미 가진 자원을 내놓지도 않으면서 정의만 부르짖는 위선만 보이지 않았어도 맥락이 삭제된 '공정'만 세상에 떠돌지 않았을 것이다. 당장 내일을 어떻게 준비할지 막막한 사람들에게 지금의 이야기는 온도가 전혀 맞지 않다.

불안한 내일

어릴 적 〈2020년 우주의 원더키디〉라는 애니메이션을 무서워하며 흘깃흘깃 보았던 기억이 있다. 지구 종말과 더불어 인공지능과 기계의 폭력이 펼쳐지는 상황을 전반적으로 어둡게 다룬 작품이다. 귀신이 나오는 것도 아니고 노골적으로 공포를 자극한 것도 아니었지만, 다가올 미래가 고통스럽고 우울하기만 할까 봐 불안한 마음이 컸던 것 같다.

뭐 하나 확실한 것이 없다. 10년이면 강산도 바뀌고 내일 죽을지도 모른다는 자조는 오래된 빈말이지만, 2021년의 '불안'은 이전과는 장르가 다른 느낌이다. 수출 10억불, OECD 가입, 국민소득 1만 불을 꿈꾸던 시대의 20대가 느꼈던 불안과 오늘의 청년이 느끼는 불안은 그 영역이 분명 다르다. 정규직이 아니며 지방 출신으로 서울에 거주하는 1인 가구라는 공통점이 있는 윤아와 미래는 불안에 대해 이렇게 이야기한다.

— 미래가 불안해. 내가 지금 이렇게 열심히 노력해도, 노후가 보장되지 않을 것이란 불안감이 매우 커. 그것에서 비롯되는 강압적인 상황들이 많아. 집은 반드시 사야 된다든지 그런 것들. 하지만 집을 산다는 것이 불가능하잖아. 그렇기에 결론은 이 빈곤에서 벗어날 수 없고 오십이 되어도 원룸에서 벗어날 수 없다는 것으로 귀결되지. 원룸에서 사는 게 나쁜 것이 아니지만, 내가 노력해도 상태가 바뀔 것 같지 않다는 낙담이 있어.

* 윤아

— 지금 회사를 그만두고 싶은데, 다음에는 대체 어디로 가야 할지 막막해. 뉴딜일자리 지원사업으로 일을 하고 있기 때문에 23개월이면 계약이 끝나버리고, 연장이 가능할지도 모르지. 지금도 공공에서 지은 청년주택에 살고 있으니까 '그럼 청년이 끝나면 어떻게 해야 하지?' 하는 게 있어. 6년 만에 전세금을 모으는 것도 불가능하고. 지금 청년이 나중에 장년이 되었을 때 상황은 너무나 다를 거란 말이야. '그러면 나이를 먹고 장년이 되었을 때 그때 나라로부터 도움을 받지 못한다면 어떻게 살아야 하지?' 이런 고민까지 요즘에 하는 것 같아.

* 미래

윤아와 미래가 이야기하는 불안은 특별한 이야기가 아님에도, 정책은 불안을 담지 못한다. 정책을 개발하는 사람들이 쉽게 상상하지 못하는 영역이 '불안'이기 때문이다. 요즘 개발된 정책을 보고 있자면 부모님 세대의 자료가 잘못 쓰인 건 아닌지 헷갈릴 때가 있다. 어쩌면 정책을 만든 공무원과 그의 대학 친구들만을 수혜 대상으로 했는지도 모르겠다. 한국사회에서 언제나 이슈가 되는 부동산 정책이 대표적이다. 20대에 원룸에서 첫 독립을 할 테니 단칸방의 월세 부담을 낮춰주고, 30대에 결혼을 할 테니 전셋집을 구하게 도와주면, 아이를 낳고 키우는 40대에 적당히 자가 소유로 넘어갈 수 있을 것이라며, 정부는 '주거 사다리'를 제시하고 있다.

얼핏 보면 그럴듯한 이야기이다. 좋은 대학을 졸업해 20대 후반에 대기업·공공기관에 취직하거나 행정고시에 합격하면 '주거 사다리'라는 것을 올라타볼 수 있을 테다. 안타깝게도 경로를 조금이라도 이탈하면 사다리를 탈 조건에서 탈락된다. 10평 남짓의 전세방이 서울에서 평균 2억 원을 넘는데, 연 3천만 원도 벌지 못하는 사람이 살 만한 집을 찾기란 가당치도 않다. 결혼을 안 하거나 못 할 경우 나이를 먹으면서 이용할 수 있는 정책은 점점 사라진다. 2년, 4년마다 올라가는 전월세 가격 상승률은 소득 증가율과는 비교도 안 되게 가파르다. 자가 소유는커녕 내 삶을 유지해내기도 바쁘다. 아등바등 40대까지 버틴다고 상상해보더라도 '집을 산다'는 것이 얼마나 허황된 꿈인지 벌써부터 아득하다.

집만 문제일까. 내 삶이 유지되기에는 세상이 너무 복잡하다. 열심히 배운 기술이 AI 때문에 머지않아 무용지물이 될 수 있다. 엎친 데 덮친 격으로 코로나가 터지니 시장 판도가 뒤흔들린다. 직종 하나가 통째로 날아가기가 예사다. 끝나지 않는 장마에 낭만 대신 곧 멸망할 지구를 상상한다. 이런 상황에 10년 뒤 안전한 밥벌이를 유지하는 것도 사치에 가까울지 모른다. 여기, 누가 보기에도 세상을 정말 열심히 살고 있는 청년들의 마음 아픈 이야기가 있다.

— 어쨌든 뭔가를 열심히 한다는 것은 내 삶이 더 나아질 거라는 기대감으로 하는 건데, 요즘은 그게 보이지 않아요. 삶이 나아지는 각도가 어느 정도는 높아야 되는데, 겨우 지금의 내 삶만 유지할 수 있는 완만한 평지인 거죠. 안정적인 삶의 지표라고 고정화된 것들이 있잖아요. 결혼도 해야 되고, 집도 구해야 되고. 어느 정도의 수준은 유지되어야 하지 않을까? 그게 가능해 보이지 않기에 일도 열심히 안 하게 되는 것 같아요.

얼마 전에 집 전세 연장을 했는데, '어떤 큰 사건이 없으면 이런 삶에서 벗어날 수는 없겠구나'라는 생각을 했어요. 그래서 어떤 사람은 로또를 기대하는 거고, 어떤 사람들은 주식에 걸어보는 거고. 자본이 좀 있는 사람들은 부동산이라든가 투자를 하는 것으로 지금보다 나아진 삶을 계속 꿈꾸는 듯해요. 이전에는 '묵묵히 내가 하고 있는 일들을 잘하면 내 삶이 좀 나아질 거야'라는 믿음이 있었다면, 이제는 '그것만으로는 부족하구나'라는 생각을 모두가 한 것 같아요. · 준완

— 나에게 앞으로 다가올 미래는 불안밖에 없을 것 같아. 어느 직종이나 AI가 치고 오는데, 보험업계도 엄청나게 타격을 받겠지. 이것도 영역마다 완전히 달라. 예를 들어서 힘이 있는 의사나 약사들 보면 고위층이 많다 보니까 어떻게든 AI가 못

들어오게 막을 것 같단 말이지. 그러니까 AI가 들어오는 사업을 최대한 딜레이시킬 수 있을 거야. 그런데 여기 직종은 진입장벽이 너무 낮고 정치적으로든 사회적으로든 영향력이 있는 사람이 적으니깐 도저히 그럴 수 없어. 지금 카카오도 그렇고 토스도 우리 사업에 뛰어든다고 하는데, 그들은 엄청난 데이터를 가지고 사업을 준비하고 있어. 그 사람들을 뿌리칠 수 있을까?

• 지훈

— 사회에서는 노후 대비나 이런 걸 강조하니까 자기가 자기 이후 살길을 단단히 맺어놓는 게 중요하다는 얘기를 많이 하잖아. 그런데 부동산을 사기도 어렵고 그렇다고 차곡차곡 월급 저축한다고 금리가 높아서 이자가 붙을 것도 아니니까, 뭐, 생각할 수 있는 것은 주식밖에 없겠다는 생각을 하긴 했지.

• 재인

— 송년회 가서 깜짝 놀란 건 저랑 한 명 빼고 거의 다 하는 거예요. '나만 뒤처지고 있는 건가?' 깜짝 놀랐어요. 친구들 인스타 스토리 보면 '애도 해?'라는 게 있죠. 주식이란 게 우리 사회에서는 기존 사행성 도박 같다는 인식이 있었고, 지금 코인을 하거나 주식으로 단타 치는 경우도 유사하다고 볼 수 있잖아요. 원래 도박을 좋아하던 애들이면 모르겠는데 진짜 안 할 것 같은 애들도 주식 단타나 도박을 하는 거예요.
왜 그럴까 생각해봤어요. 결국에는 불안함 아닐까? 내 사회경제적 위치가 더 나아지지 않을 거라는 불안감. 어차피 내가 여기서 더 노력한다고 해서 내 대학이 바뀌지 않고 내가 다녔던 대학명이 바뀌는 게 아니니까. 그리고 내가 할 수 있는 일자리는 최저임금 일자리고 본인의 성장 가능성은 현실의 벽에 막혔는데, 그걸 유일하게 넘을 수 있을 것이라 기대되는 기회가 주식이 아니었을까? 부동산은 솔직히 어느 정도 돈 있는 사람들, 아니면 사회경제적으로 위치가 안정된 사람들 이야기이고, 보통은 알바로 모은 백만 원, 이백만 원, 삼백만 원 그 시드머니로 주식을 하는 거죠. 본인 삶에서 유일한 탈출구가 아니었을까, 그렇게 생각해요. ·익준

2021년 KBS 세대인식조사에 따르면 60%가 넘는 청년들이 "노력해도 상층으로 이동할 가능성이 없다"고 답했다. 열심히 사는 것보다는 '한탕'이 더 끌리는 사회가 되었다. 그나마 저렴하게 부동산 자산을 소유할 수 있는 생애 최초 특별공급 주택 청약조차 경쟁률이 기본 100 대 1은 넘고 보는 '로또 주택'이 되었다. 3명 중 2명 이상의 청년이 주식, 코인, 부동산에 투자하고 있는 오늘의 현실은 애써 설명할 필요도 없다.

주식 한 번 한다고 인터넷 커뮤니티의 누구처럼 대박이 나진 못할 것도 안다. 부동산 막차에 타지 못하면 이번 생에 주택 구입은 끝났다는 것도 다들 안다. 그래도 딱히 선택지가 없다. 열심히 청약이라도 빼먹지 않고 넣고, 유튜브로 주식과 부동산 공부라도 해서 자산을 증식하는 척 노력하지 않으면, 남들 다 준비하는 걸 안 하는 미련한 사람이 되고 만다.

— 앞길이 보이는데 상황이 안 좋으면 어떻게 대비라도 하지. 엄청 불안하고 막막한데 아예 안 보이면, 그냥 아무 생각도 안 들고 '그런가 보다' 하는 것이 있어. 청년들이 소박하게 카페 가고 그런 거 있잖아. 그거 다 앞이 안 보이니까 소비도 하고 아이패드도 사고 이런 거 아닐까? 이 길은 언제 사장될지 모르니, 일을 열심히 하지 않게 되고. 아마도 지금보다 환경은 훨씬 안 좋아질 것 같고 내가 지금 받고 있는 돈의 절반도 못 받는다면, 생활을 어찌 해야 할지 막막하지. 다른 직업을 찾아봐야 하나? 그런 막연한 것들을 준비해야 해. 물론 회사에서는 안 그런 척하지. 우리 세대는 기본적으로 이중생활을 하고 있는 것 같아. 나도 그러고 있고. 나는 그래서 몰래몰래 소믈리에를 준비하는….

• 진영

— 언제 뭔가 뒤통수에 날아올지 모르겠다는 생각을 항상 하고 있어서 섣불리 행복하다고 만족하기도 어려워. 행복을 함부로 얘기하기 쉽지 않아. 망할 '소확행'[소소하고 확실한 행복]. 이 단어를 듣고 있자면 기만하는 느낌이 너무 강해. 그러면 큰 행복은 뭔데? 구석으로 몰아가는 느낌이야. 이 정도면 즐거운 거다, 너네는 어차피 소소하지 않은 행복은 불가능하니 이 정도로 만족하라는 느낌이어서…. 차라리 요새 새로 나온 '소확횡'이 더 와닿아. 소소하고 확실한 횡령(웃음).

• 지은

미래의 나는 이 사회에서 어떻게 살아갈지 어차피 상상할 수 없다. 대충 부정적일 것 같다는 막연한 직감만 있을 뿐이다. 내일을 도저히 상상할 수 없으니 그걸 예상하는 것조차 무의미해서 일단 오늘을 살고 본다. 누군가는 적당히 소소하게 쾌락을 즐기기도 하고, 누군가는 그래도 삶의 의미를 크게 부여하며 악착같이 달리기도 하고, 누군가는 종교를 열렬히 믿어보기도 한다.

돌고 돌아, 결국 '불안'이다. 부동산과 주식에 영끌을 하는 MZ세대의 행동, 현재의 행복을 위해 열심히 소비하고 즐기는 청년들의 욜로(YOLO), 흥미롭든 우려 섞인 표정이든 그것을 바라보는 기성세대의 시선까지. 제자리에서 돌고 도는 쳇바퀴 같은 논의를 지속하기보다는 가장 밑바닥에 깔려 있는 불안의 이야기를 더 꺼내야 한다. 불안하지 않은 사람들은 괜한 훈수나 두지 말고 열심히 경청이라도 하자.

산업구조든 인구구조든 부동산 정책이든 명확한 대안을 찾을 수는 없다. 그럼에도 불안에 대한 이해와 공감은 누구나 할 수 있다. 지금 우리 사회에 부족한 것은 불안의 맥락을 이해하려는 노력이다. 계약직 스태프를 해고할 수 없었던 이한빛 피디의 고민, 스크린도어 작업이 너무나 위험천만할지라도 그 일을 포기할 수 없었던 김군의 마음만큼은 이해할 수 있지 않을까. 천운이든 부모운이든 각개전투 속에서 성공하거나 실패한 사람에 대한 분석만 가득했다. 이제는 노선을 분명히 하자. 한탕을 장려하고 극소수라도 인생 역전하는 길만 열어놓을 것인지, 막막한 상황 속에서도 서로가 같이 버팀목이 되어주는 방법을 찾을지.

3

왜곡된
시선

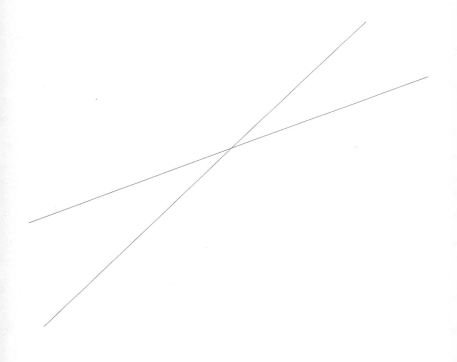

한빛, 그만두면 되잖아

"절이 싫으면 중이 떠나라." 집단을 견디지 못하는 사람에게 굳이 바꾸려고 애쓰지 말고 마음 맞는 곳으로 떠나라는 뜻으로 쓰이는 말이다. 말은 참 쉽다. 하지만 막상 절이 싫은 중이 떠나는 경우는 매우 드물다. 문자 그대로 해석해보더라도, 스님이 속세를 떠나 오래 고민해온 시간과 맥락을 고려한다면, 특정 부분이 맞지 않는다고 교단이나 사찰에서 떠나는 결정을 쉽게 내릴 수는 없을 것이다.

일터에서 스스로 죽음을 선택한 청년을 두고 흔히들 "회사 부조리가 심하면 때려치우고 다른 일을 하지"라는 말을 한다. 이한빛 피디의 죽음도 마찬가지였다. 다양하고 넓은 세상에서 선택지는 유일하지 않을뿐더러, 살아만 있다면 할 수 있는 일들은 분명 많을 테다. 남은 사람의 욕심이겠지만, '눈 한 번 딱 감으면 될 일인데 왜 거기서 나오지 못했을까?' 하는 아쉬움이 지워지지 않음은 물론이다.

하지만 직시하자. 나갔다고 무엇이 달라졌을까. 슬픔과 아쉬움을 존중하더라도, 개인의 탈출이라는 해결책은 구조의 문제를 흐릿하게 하고 개인의 선택만 부각한다. 목숨을 건 저항과 분신을 통해 사회에 메시지를 던졌던, 전태일을 비롯한 여러 노동자와 대학생들. 사회적 파장의 크고 작음은 다를 수 있겠지만, 이들 모두가 쉬운 해결책을 몰랐기 때문에 그것을 선택하지 않은 것은 결코 아니다.

왜 나가지 않았을까. 왜 죽음을 선택했을까. 나는 이 질문에 대해 '책임'과 '존중'이라 답하고 싶다. 목숨을 포기한다는 선택이 누군가에겐 무책임해 보일 수도 있겠지만, 그러한 행동은 오히려 절대적으로 무거우면서도 큰 책임감에서 나온다.

책임감. 어떤 관점에서 바라보느냐에 따라 그 기준이 천차만별이다. 단적으로, 개인주의에 익숙한 청년들이 조직에서 요구하는 일에 대한 책임감이 없을까? 전혀 그렇지 않다. 억지로 시키는 일을 몰입하여 처리하는 사람은 드물다. 개인의 욕구에서 비롯되어야 어떤 일이든 주체적으로 받아들일 수 있다. 개인의 욕구에 기반한 선택이 익숙한 세대이다. 우리는 어릴 적부터 꿈과 자아실현에 대해 지겹도록 교육을 받고 자란 사람들이기도 하다. 물론 부족한 일자리에, 부모님과 자신의 노후 보장을 위해 많은 타협을 이어가지만, 그런 와중에도 누구든 자신이 맡은 일에서 의미를 찾고 싶어한다. 자신을 돌아볼 여유가 부족했던 세대에 비해 자신의 삶을 온전히 존중하는 세대는 일에 대한 고민의 깊이부터 큰 차이가 날 수밖에 없다.

형은 원래 책임감이 강한 성격이기도 했지만, 드라마 피디라는 일에 대한 책임감은 무거웠고, 사회적 가치와 자신의 신념을 지키고자 하는 고민 역시 깊었다. 또한 형뿐만 아니라, 그의 친구들 역시 일에 대한 무게감을 느끼며 일터에 나가고 있었다. 그 책임감과 고민은 동시대를 살아가는 친구들에게서도 고스란히 느껴진다.

— 사람들이 흔히 '직장을 그만두면 되지' 이렇게 생각을 하는데, 제가 당사자가 되니깐 그런 생각이 전혀 안 드는 거예요. 그만둘 수 있다는 옵션 자체가 떠오르지 않고, '내일은 또 이런 일이 반복되겠지', '숨이 막힌다', '도망갈 곳이 없다' 그런 생각이 머릿속을 채우는 것이죠.
왜 그런가 했더니 책임져야 하는 일이 정말 많아서 그랬을 수 있어요. 지금 이 상황에서 책임감을 가지고 맡아온 프로젝트를 던질 수가 없는 거예요. 이것을 그만두면 큰 후폭풍이 발생될 것이 분명하다 보니, 그만둔다는 옵션에 대해 생각을 못 하는 것이죠.
• 윤영

— 저도 어떤 조직에 있었을 때, 동료가 상사에 의한 압박 때문에 자살한 사건이 있었어요. 사실, 밖에서 보면 사람들이 쉽게 말하잖아요. '나오면 돼.' '별거 아닌데.' 그런데 안에서 보니깐 그런 문제가 아니에요. 당사자가 그런 상황에 처하면, 쉽게 때려치울 수 없어요. 하다못해 '다른 곳 시험 보면 어딜 못 가겠냐' 하는데, 그런 이직의 문제가 아니에요.

조직 내에서 나가는 것 자체가 얼마나 저항을 했는지는 삭제되고, 업계에서 적응하지 못하고 떠난 패배자로 낙인찍혀요. 물론 문제를 일으켰을 때 딱히 징계나 실질적인 불이익이 있지 않을 수도 있지요. 하지만 압박은 분명하거든요. 피디라는 방송업계는 더욱 그랬을 것 같아요. '요즘 것들' 이런 압박이 있었겠죠? 이 압박을 개인이 받는 것은 너무나 힘든 일이에요. 작은 존재인 게 느껴지기도 하고요.

조금만 더 버텼으면 하는 아쉬움은 있어요. 학교 다닐 때에도 비슷한 경험이 있었지만 그러다가 하나씩 깨나가던 시간이 있었는데. 이번에는 그렇지 못해서 아쉬웠어요. • 경수

전시 기획사에 다니는 윤영은 윗사람들에게 과도하게 갑질을 당하며 과로까지 해 당장이라도 쓰러질 법한 상태가 되었지만, 자신만 믿고 기획에 참여하고 있는 문화예술인들을 생각하면 도저히 사직서를 던질 수 없었다고 이야기했다. 일터를 사랑하는 사람들이 자연스럽게 가지는 책임감일 것이다. 공공 관료 조직에 속한 경수 역시 퇴사를 고민 안 해본 것은 아니지만, 이직을 패배로 바라보고 책임감 없다고 치부하는 조직과 업계 분위기 때문에 망설여진다고 말했다.

'왜 조직을 떠나지 못했는지'를 이야기하기에 앞서, 그토록 열정을 쏟았던 사람이 '왜 버틸 수 없었는지' 그 이유를 바라보아야 한다. 구조가 너무 거대해서 초라한 개인이 신념이든 자존감이든 사회적 가치든 모든 것을 포기하지 않고 버틸 수 있을 것이라 상상하지 못했을 수 있다. 혹은 더 나은 내일을 함께 공유하는

동료가 없었을 수도 있다. '떠나면 되지'라는 쉬운 말은 오히려 자신의 삶을 충분히 존중했던 사람들의 마음을 온전히 읽어내지 못한다. 회피하지 않고 직면하는 사람들, 일에 대한 책임을 쉽게 내려놓지 않은 멋진 사람들이 그곳에 있어왔다.

드라마를 통해 사람들을 위로하고 기쁘게 만들고 싶었던 한빛 피디에게, 드라마 현장은 누구보다도 간절하고 꿈과 애정을 투영해온 공간이었다. 하지만 드라마 노동 현장은 사람을 존중하지 않았다. 오히려 애정을 가진 사람들은 갈려나가고, 일에 대한 책임과 존중을 배제한 채 무색무취하게 남아 있는 사람들이 조직에서 인정받기 쉬운 구조였다.

쉽게 꺼내기 어려운 말이다. 조직을 떠나기보다 죽음을 선택했던 형을 존중하고 싶다. 세상은 완벽할 수 없다. 아름답지 않은 모습들도 너무나 많다. 어떤 순간에는 회피도 필요하지만, 모두가 회피만으로 일관했다면 세상은 지금보다 더 슬펐을지 모른다. 때로는 거세게 부딪치다가, 버틸 수 없어 무너질 수도 있다. 그건 절대 패배한 사람이 아니다. 마지막까지 삶을 존중하고 일에 대한 책임을 다한 사람이다. 그런 사람들이 많았고 그들의 고민이 따뜻하게 전달되었기에 남아 있는 사람들이 계속해서 일어설 수 있었다. 죽음을 스스로 선택하는 행위는 절대 추앙되어서는 안 된다. 하지만 일터를 쉽게 떠나지 않았던 형의 책임감과 고민만큼은 분명 존중받아야 한다.

형의 선택이 가족이든 친구든 가까운 사람들에게 가장 슬프면서도 못됐던 것임은 분명하다. 세상에 큰 의미를 남기는 것도 중요하지만, 그것이 꼭 생을 지는 일일 필요는 없다. 사랑하는 사

왜곡된 시선

람의 죽음이 익숙해질 리 없음은 당연하다. 세상이 덜 바뀌더라도 나와 조금이라도 더 함께하는 쪽으로 마음이 가는 것은 형의 선택을 이해한 끝에 못내 비치는 나의 진심이기도 하다.

그렇기에 '나가지 않아도 되는 선택지'를 계속 찾게 된다. 형의 선택을 돌이킬 순 없지만, 또 다른 누군가의 삶을 지킬 수 있을지 모른다. 어떤 대안이 있었다면, 형이 나가지 않고 버틸 수 있었을까? 그 해답은 사람일까? 문화일까? 거대한 산업구조일까? 쉽게 찾기는 어렵겠지만, 비슷한 벽을 마주한 사람들에게 '나가면 된다'는 쉬운 답보다 '나가지 않아도 되는 대안이 있다'는 답을 주고 싶다.

정말 책임감이 없을까요

책임감, 성실, 애사심, 주인의식, 공동체…. 얼핏 보면 좋은 의미만 모아놓은 것 같지만, 일상에서 이 단어들이 쓰인다면 기분이 별로 좋을 수 없다. 일터에서 사용하는 사람이 있다면, 대체로 부장급 이상이거나 간혹 존재하는 젊은 꼰대 정도가 되겠다. 그리고 그들의 사용법은 '라떼는 말이야', '까라면 까' 등의 전개로 이어질 것이다. 유사어 '열정페이'라는 말도 이제 식상하다. '갈아 넣어진다'라는 자조도 익숙해진 시대이다. 젊은 회사원이 노동법을 딱 맞춰 '칼퇴'를 하면 좋은 직장 취급을 받는다. 회사 내에서 얼마나 괴롭힘이 만연했으면 '직장 내 괴롭힘' 법까지 제정해서 보호해야 하는 실정이다.

혹자는 높은 이직률, 개인주의적 행동 등을 이유로 청년들이 본인만 챙기고 직장을 위해서 작은 헌신조차 하지 않을 만큼 책임감이 없다는 점을 지적한다. 조직에 중요한 일이 생기면 간혹 퇴근 시간이 넘도록 업무가 남기도 하는데, 중요한 약속이 있다면서 회사를 홀랑 떠나버리는 팀원들이 있다는 것이다. 개인주의에 익숙한 세대라는 시선이, 초장시간 노동을 정당화하는 데 교묘히 동원된다. 잔업과 야근은 어쩐지 매일 있고, 중요한 일이지만 초과수당은 주지 않는 게 현실이다.

정말 청년들은 온실 속에서 자라와서 절박함도 없고, 쉽고 편하게만 살고 싶어하고, 회사생활도 적당히 하고 싶어할까? 2019년에 진행된 유럽 현지 기업 취업설명회에서 유럽기업 인사 담당자가 꼽은 한국 청년의 강점은 "강한 책임감", "빠른 업무처리 능력"이라고 한다. 한국의 50대가 바라보는 MZ세대의 책임감과는 전혀 상반되는 평가이다. 주체성이나 자율성 정도도 매우 높은 수준이다. 굳이 통계까지 가지 않더라도, 한국같이 무지막지한 업무량을 소화해야 하는 기업에 청년들이 없다고 상상해보자. 청년들이 정말 책임감이 없었다면, 혹은 부장님들로만 이루어진 팀이 즐비했다면 웬만한 회사는 이미 문을 닫았어야 했다. 그나마 주니어 그룹이 업무를 감당하며 성과를 내주고 있기 때문에 다수의 기업들이 버티는 것이다.

각자의 영역에서 1인분의 역할을 해내고 있는 청년들은 이렇게 말하고 있었다.

— 청년들이 책임감이 없다고 생각하지 않아. 구조적으로 책임을 지는 상황이 아닌 청년들이 많은 거지. 사원이 부장 일을 책임지지 않잖아. 책임감이 없는 것이랑 달라. 다만 구조가 그렇게 만드는 것은 있어. 내가 다니던 회사 역시 권한을 주

지 않았어. 그래 놓고 주인의식을 가지라고만 강조했지. 당시에는 제일 싫어하는 말이 주인의식이었어. 주인을 시켜주고 나서 주인의식을 논해야지. 내가 결정할 수 있는 게 아무것도 없는데.

내가 회사 그만두고 학교[대학원]에 처음 돌아왔을 때 제일 어려웠던 것이, 결정해야 할 일이 많았던 거야. '내가 대기업 시스템에 물들었구나' 생각한 게, 계속 물어보게 되더라고. 주변 동료한테 "그건 당신이 직접 정해도 되는 거예요"라는 말을 많이 들었어. 그런 상황에 놓인 사람들을 두고 책임을 논할 수는 없다고 생각해.

• 윤아

대기업을 3년 넘게 다니고 퇴사를 선택한 윤아는 책임을 주지 않는 시스템을 지적한다. 윤아의 회사에서는 직원들끼리 열심히 일하면 그 사람만 손해라는 인식이 퍼져 있었다. 지시는 무수히 많지만 실질적인 책임과 성과는 인정받지 못했기 때문이다. 시키는 업무를 지문이 닳도록 열심히 하더라도, 어차피 결정권한은 물론 성과에 대한 보상도 없다. 사람의 일이라기보다는 기계가 하듯 굴러간다.

억울하면 하루 빨리 승진하면 되지 않겠냐고 반문할 수 있지만, 계약이 그렇지 못하다. 정규직과 비정규직을 넘어서 비전형 노동자, 심지어 중규직(무기계약직)까지 등장한 한국이다. 청년들의 첫 직장은 1년 이하 계약직일 확률이 28.1%라고 한다. 10년 전보다 11.5% 증가했다. 30년 전처럼 회사에 입사해서 노력만 하면 위로 올라갈 수 있는 시절이 끝난 것이다. 약간 앞서 살았던

왜곡된 시선

40대 선배들을 보더라도 전망이 밝아 보이지 않는다. 시스템이 엉망이고 노동조건이 답이 없으니, 애당초 이직을 선택한 사람들도 상당수 있었다. 회사가 급격히 성장할 가능성이 낮으니, '존버'를 믿으며 악착같이 버티고 새로운 기회를 노릴 수도 없다. 정리해고가 쉬워진 세상에서 회사가 나를 애틋하게 챙겨줄 리 만무하다. 권한도 책임도 비전도 없는 공간에 열정, 애정, 영혼 따위를 넣는 것이 외려 멍청하게 느껴진다.

— 하기 싫어서 그런 게 아니고 몰라서 그러는 경우가 많거든요. 내일 해서 올리면 되는 일이라고 생각해서 퇴근하는 거예요. 단순히 '요즘 것들은 그렇다'라기보다는 사람 개개인의 문제라고 생각해요. [직접] 말해주면 될 텐데 군이 그걸 "요즘 것들이"라고 말하면서 뒤에서 쯧쯧대는 거야말로 꼰대 아닌가요? 지시를 하는 게 꼰대가 아니라 과정에서 불필요한 예의범절을 강조하거나 업무에 필요 없는 의전, 인간관계에 대해 지적질하는 게 꼰대인데, 그걸 몰라요. •익준

— 청년들은 업무 분배에 대해서 설명하고 이해하고 합의하는 과정을 원해. 기성세대는 그게 없어. 지시만 하기 때문에 청년들이 거부하는 거지. 그런데 갈등이 생기면 5, 60대들은 '너희들이 그냥 안 하려고 해'라고 판단해. 물론 일에 대한 경험이 적고, 사회경험도 적은 것이 사실이야. 그래서 지시에 의해서 일을 받아야 해. 거부할 생각도 없어. 다만 고작 설명과 합의를 요청하는데 기성세대는 못 받아들이더라고. •선미

대학 졸업을 앞두고 비정규직으로 일하고 있는 익준, 전주에서 취업·창업 등을 경험한 선미는 설명을 하지 않는 문화를 이야기한다. 대학교 선배든, 군대 선임이든, 회사 상사든 '처음' 들어온 신입이 '인사를 잘 안 한다'는 뒷담화를 하는 일이 흔하다. 이제 선배 혹은 상사가 된 친구들도 다르지 않다. 그때마다 인사는 상호 간에 하는 것인데 윗사람이 먼저 하면 안 되는 것인지, 먼저 했는데도 무시하고 가버린 것인지를 묻곤 했다. 누가 누군지 알지도 못하는데 인사를 먼저 하기 피차 어려운 것은 마찬가지다. 차라리 '이 조직에서는 소개를 하지 않아도 모든 사람에게 인사를 해야 한다'고 안내라도 했으면 발생하지 않았을 문제였다.

인사는 하나의 예시일 뿐이다. 문화적 경향성에서 비롯되었든, 권위의 행사이든 이유는 정확히 알 수 없지만, 후배에게 원하는 바가 있는데 직접 말하지 않고 잘하기를 기대하는 것은 너무나 소모적이다. 인간에게 텔레파시 능력이 있을 리 만무하다. 물론 있다 해도 그 능력을 상사와 쓰고 싶진 않을 테다. 업무 프로세스 중 가장 기본인 안내와 설명조차 연차가 쌓이면 하지 못하게 되니, 이게 정상적인가 싶을 때가 많다. 잘 아는 사람은 잘 모르는 사람에게 알려주면 된다. 정작 필요한 것은 알려주지 않고, 역사책 읊듯이 '라떼' 이야기만 하고 있으니 문제다.

— 회사 임원인 아버지랑 대화할 일이 있었는데, 직원이 근무환경이 열악하다며 개선해달라고 요구했다며 화를 내시더라고. 내가 듣기엔 일도 잘하는 분 같아서, 할 것도 다하고 당연한 말 한 건데 왜 부정적으로 보시냐고 반문했던 기억이 있어.

사실 열심히 책임감 가지고 일하는 사람들은 옛날이나 지금이나 많지. 어쨌든 그거랑 권리를 요구하는 것은 다른데 마치 책임감이 없는 것처럼 생각해. 요즘 시대에 필요한 권리를 얘기하는 사람을 다른 형태로 매도하는 문화가 있어.　•예진

— 한번은 코로나로 인해 다 같이 어려우니까 월급의 30퍼센트를 모으자고 했어. 조직이 정말 위기이기는 했지. 제안한 사람이나 나는 정규직이고 연차도 있으니까 할 수 있어. 하지만 밑에 있는 사람들에게는 말도 안 되는 일이지. 그런데 위에서 "아니, 그 정도의 애사심도 없어서"라는 거야. "180, 200 받는 사람이 30퍼센트를 까면 얼마 남는 줄 알아요? 그거 가지고 사람이 살 수 있을 것 같아요?" 이런 문제 제기를 하니깐 돌아온 대답이 "나, 옛날에 한 달 월급 9만 원 가지고 살았다"라는 거야. 모르는 거지. 월세를 내야 되고 옛날처럼 채워지지 않는 이 시대 자체를 이해 못 하니까 그런 것들에서 괴리감이 드는 거야.　•진명

전업주부인 예진과 규모가 큰 종교법인의 6년차 중간관리자 진명은 기본에 충실하지 못한 조직이 많다는 점도 문제라고 이야기한다. 대단한 혜택을 바라는 것도 아니다. 대다수의 직장인들은 "몸이 망가질 만큼 일이 너무 많다", "하는 일은 많은데, 생활 자체가 불가능할 만큼 임금이 적다", "인간으로서 최소한을 존중받지 못한다"라는 기초적이고 기본적인 말을 꺼내기조차 어렵다. 물론 30년 전에는 더 열악한 상황을 극복했을 수도 있다. 하지만

산업화와 민주화 이후에 태어난 사람들이 배우고 익혀온 사회의 기준은 그때와는 명확히 다르다. 법적으로 합의한 최소한의 마지노선을 지키는 것이 그리 어려운 일도 아니다. 주 40시간이 정상이면, 주 52시간을 넘기지 말라고 하는 것이 제도의 특성이기 때문이다. 하지만 오늘날 한국 노동자 1인의 노동시간은 연평균 1957시간으로 OECD 연평균 노동시간인 1704시간을 크게 웃돈다. 세상이 달라진 만큼, '그때 다 견딘 것을 견디지 못하냐'가 아니라, '그때처럼은 하지 말자'로 우리의 언어가 바뀌어야 한다.

— 코로나 시기에 관리자들이 불만이 커졌어. 자기들이 실무를 해야 할 게 너무 많아진 거지. 재택을 하고 온라인으로 업무를 진행하니, 아랫사람들이 했던 것들을 이제는 어쩔 수 없이 자기들도 익혀야 되니까 부담이 큰 거야. 그게 사실 이쪽에서 일하는 사람들이라면 다 알아야 하는 것들인데. 오히려 업무량 균형이 조금은 맞아가는 것 같아서 내심 기분이 좋아.

기본적으로 실무자랑 관리자는 영역이 다르다고 생각해. '저들은 왜 아무것도 안 하지?'라는 실무자들의 불만이 적절하지 않다고도 생각해. 하지만 정말 관리자들이 실무를 모르니까. 해본 적이 없으니 4시간 걸리는 것을 2시간이면 되는 줄 알고, 또 현장을 모르고. 그런 것들이 문제를 더 악화시키는 거지.

심지어 하찮게 보는 느낌도 있어. '나도 다 해봤어'라는 식의 태도. 그런데 그때 그분이 했을 때랑 지금은 완전 환경이 다르거든. 자기 때는 30개 업체를 일주일 동안 다 만났다고 하지만, 지금은 완전 스타일이 달라졌는데 왜 저렇게까지 말하지? 도저히 이해가 안 돼. 결국 우리 팀이 점점 더 힘들어지고 사람이 갈리게 돼.

• 진명

6년차 중간관리자 진명은 새롭게 바뀐 현장을 모르는 지시가 많다는 점이 문제라고 말한다. 세상은 빠르게 변화하고 있다. 브랜딩, 마케팅, 영업 등등 업무 방식이 완전히 뒤바뀌었다. 변화의 속도를 열심히 좇지 않으면 당연히 현장에서 뒤처진다. 코로나 이전만 하더라도 재택근무와 화상회의는 매우 예외적인 툴로만 여겨졌지만, 막상 비대면으로 전환되고 나니 가능할 뿐만 아니라 장점도 속속 경험되고 있다. 시행착오를 통해 다듬어진 관행이 좋은 경우도 있지만, 새로운 시대에 맞게 변화가 필요한 일도 너무나 많다. 시대에 따라, 역할에 따라, 각자 잘하는 영역이 있고, 각자의 방식이 있을 뿐이다.

윤아, 익준, 선미, 예진, 진명의 이야기와 나의 형 한빛 피디의 좌절은 그 결을 같이한다. 보통의 조직에서 청년에게 보내는 왜곡된 시선은, 오히려 책임감을 가지고 업무에 성의를 보이는 청년에게 좌절감을 가져다주고 있었다. 책임감, 성실, 애사심, 주인의식, 공동체는 사실 세대와 상관없이 모든 이들이 중요시하는 가치다. 누구든 자신의 일상에서 의미를 찾고 싶어하고, 크고 작은 관계를 좋게 만들어가고 싶어한다. MZ세대라고 해서 다른 세대에 비해 특별히 일에 대한 애착이 더 없지는 않을 것이다. 애초에 청년들이 어떻다는 이야기는 당사자들의 자평도 아니었다. 대학 비진학을 선택하고 사회적기업에 재직 중인 선규는 이렇게 이야기한다.

— 지금 내 일터는 만족스러워. 일과 내가 원하는 바를 함께할
　 수 있다는 것이 정말 좋고, 수평적인 부분이 마음에 들어. 다
　 른 곳은 상사가 원하면 무조건 해야 하잖아. 그런 게 애착과
　 책임감을 감소시키는데, 여기서는 내가 하는 모든 것들이 내
　 가 원하는 것들이잖아. 책임감도 생기고.　　　　　•선규

　선규의 직장이 특별한 회사가 아니었으면 좋겠다. 대단히 이
상적인 사회의 모습도 아니다. 같은 조직에서 서로 마주치지 않
고 살아갈 수도 없는 노릇이니, 미우나 고우나 각자의 에너지를
발휘할 수 있도록 서로를 조금씩이라도 존중하며 살아가면 된다.
새로운 기준은 언제나 구시대의 관행을 밀어내왔다. 무엇이 맞는
지 헷갈린다면 우선은 변화의 이야기에 먼저 귀를 기울이자. 그
리고 오늘의 방식을 존중해보자. 존중으로 채워진 일터는, 업무에
대한 책임감 차원에서든 노동의 과정과 결과에서든 훨씬 더 의미
있게 다가올 것이다.

'님'의 위선

언론에 나오는 청년을 보고 있자면, 뭔가 대단히 화가 난 듯한 느낌이다. "2030이 분노했다"라는 헤드라인도 익숙하다. 기성세대와 사회는 청년을 어떻게든 달래려고 하는 뉘앙스도 느껴진다. 진짜 화가 많이 나 있는 것일까? 이래저래 생각해봐도, 우리 세대가 유난히 화가 많은 편인지는 체감이 되지 않는다. 각자 해야 하는 일, 하고 싶은 일도 많은데, 화를 자주 낼 수는 있는 건가 싶기도 하다. 불안, 무기력, 자조 등의 감정을 대충 분노로 퉁치는 경우가 많은 것 같기도⋯.

다만 청년들이 이전 세대에 비해 '위선'에 민감하게 반응하고 분노하는 경향성은 비교적 명확해 보인다. 과거의 대한민국은 대의명분이 매우 중요한 사회였다. 나라를 위해서, 회사를 위해서, 가족을 위해서라는 명분이 따라붙으며 사람들의 힘을 모아냈다. 하지만 지나고 보니 거창하게 명분을 내세웠던 사람들은 대부분 승승장구하고, 동원되었던 사람들은 계속 제자리에 머물러 있었다. 심지어 명분을 강하게 내세우는 사람들의 이율배반적이고 비도덕한 모습까지도 계속 드러났다. 그런데도 누군가는 아직도 대의를 강조하며 똑같이 사람들을 부품처럼 쓰려고만 한다. 성인군자가 아닌 이상에야, 화가 나지 않으면 이상한 것이다. 6년차 중간관리자 진명은 이렇게 이야기한다.

— 윗세대들? 당위와 가치에 대한 이야기가 나왔을 때 거기에 대한 자기성찰이 없어. 그리고 자기들이 정한 이슈 외에는 다 부수적인 이슈로 생각하는 느낌이야. 사회의 여러 가지 모순을 철폐하고 해체하려는 게 아니라, 자기가 중요하게 여기는 가치만 관철시키기 위해 힘의 우위를 정하는 것 같아. 전 대통령에 대한 복수 말고 하러 나온 게 뭐가 있나? 복수를 하면 뭐할 거지? 이런 생각들이 들어. 박원순 시장 이후 대응하는 것도 그렇고. 아쉬움이 많아.

우리 조직에는 주 3회 월·목·금 출근하는 직원들이 있어. 나는 이들을 관리하는 역할이었고. 최근에 어떤 행사가 금요일에 있었어. 이 행사를 준비해야 하는데 일손이 부족했어. 당연히 직원들이 출근일이 아니니깐, 열심히 양해를 구했지. 미안하지만 이날 화요일에 나와서 준비를 해줬으면 좋겠다고. 다행히 직원들이 다들 착해서 동의해줬고, 화요일에만 출근을 했어. 그런데 위에서는 왜 수요일에는 출근을 안 시키느냐는 거야. 나는 당연히 안 나오는 날이어서 화요일에 익스큐즈를 했다고 자랑한 건데, 윗사람들은 수요일에 못 오는 걸 갖고 뭐라고 하는 거지.

이게 너무나 극명한 차이야. 50대였거든. 완전히 다른 세계 사람이야. 정의를 이야기하는 사람들이, 어떻게 출근일이 아닌 날에 출근하는 걸 당연히 그 행사를 위해서 하는 거라 생각하고 있지? 모르겠어. 그분들은 우리가 책임감이 없다는 얘기를 들었겠지? 잘해주면 더 나태해진다, 그런 얘기도 들었을 것이고.

그런데 나는 약속을 했잖아. 노동력을 합의된 만큼만 제공받기로. 사실 화요일에 나오는 것도 찬성하지는 않았어. 물론 당연히 조직의 중요한 행사이기 때문에, 근무일 아닌 시간에 요청할 수는 있다고 봐. 그래도 기본적인 건 약속한 거잖아. 그걸 지키고 양해를 구해야 되는 건데 그게 안 되니깐. '노동 현장에서는 진짜 이전 세대와 완전 외계 다른 행성에 있구나' 하는 생각이 들어. 옛날 같으면 싸우거나 할 텐데, 이게 싸워서 될 문제가 아니야. 전반적인 집단 자체가 그러하니깐.

• 진명

나의 대학 선배인 진명은 가까운 지인 중에 손에 꼽을 수 있는 원칙주의자이다. 교수에 대한 예의를 지켜야 한다는 이유로, 수업 땡땡이를 꼬셔도 절대 넘어온 적이 없다. 고학점, 조기졸업, 대학원 칼졸업, 쾌속 입사, 그리고 결혼까지 올바른 청년의 생애 주기를 성실하게 이행하고 있다. 일에 대한 완성도를 중요시하다 보니, 업무도 능숙하지 않은 신입이 그럴듯하게 포장하는 것을 절대 용납지 않는 6년차 중간관리자가 되었다. 솔직히 나의 상사가 아닌 것을 다행으로 여기면서도, 진명이 추진하는 일은 항상 원칙에 충실하기 때문에 언제나 신뢰를 보내는 편이다.

누구도 진명이 이렇다고 꼰대라고 부르지 않는다. 사회적인 상식과 원칙에 근거해 선택하고 이율배반적이지 않게 행동하는 사람을 볼 땐, 당연하게도 분노가 끓어오르진 않는다. 하지만 진짜 꼰대는 위선과 독선에서 비롯되는 행동이 대부분이다. 거창한 명분으로 노동을 요구하고, 입맛에 맞는 제도만 가져다 쓴다. 문제는 우리 주변에 위선적인 꼰대가 너무나 많다는 사실이다. 진명조차 그들에 대한 아쉬움이 가득했다.

회사 직원들에겐 사장님, 연구실 조교에겐 교수님, 부대 병사들에겐 부대장님, 시민들에겐 시장님, 도지사님 등. 거창한 명분을 늘어놓는 '님'을 만나 유쾌한 경우는 거의 없는 듯하다. 고충을 듣겠다고 만나는 자리여도, '님'들은 한마디를 들으면 대체로 열 마디를 늘어놓는다. 심지어 그들의 잘못을 지적하는 자리에서조차 상대방이 어떤 상처를 받았는지 듣기보다는 "이래서 그랬다, 저래서 그랬다" 장황한 설명을 늘어놓는다. '듣는다'라는 단어의 의미가 무색해지는 순간이다. 차라리 '훈화말씀을 베풀겠다'고 콘셉트를 분명히 하기라도 했으면 마음의 준비라도 했지.

가정에서, 사회에서, 정의롭다고 믿어지는 공간에서, '님'들은 죽지도 않고 또 오고야 만다. 강한 듯 약한 듯 연결되어 있는 그들이, 모호한 대의를 좇으며 서로의 잘못을 덮어주고 보호하며 의기투합한다. 일터에서 매일같이 만나면서 자신은 좋은 상사라며 강조하는 사람들은 유난히 어필도 심하고 한 공간에 같이 있으니 피하기도 어렵다. 어떤 일을 하느냐, 어떤 모임에 속해 있느냐보다 어떤 사람을 만나는지에 따라 만족도와 괴로움에 더 큰 영향을 받는다. 위선은 공익적 가치를 바라보고 다양한 조직에서 활동하는 청년들에게 더욱 아프게 다가온다.

— 민주주의는 직장에서 멈춘다고 하잖아요. 세대를 넘어서 박근혜에 대해서는 같이 행동했는데, 아침에 출근해서는 그 일이 다 없어지는 거예요. 현실인 거죠. 기존 세대에 불만이 있거나 그러지는 않는데, 일관성이 있었으면 좋겠다는 생각이 요즘 너무 많이 드는 거예요.
• 준완

— 괴리감. 내부에서는 일단 그게 잘 안 됐어. 각종 이유로 벌어진 엄청난 언어폭력이 있었지. 민주적인 가치를 지향하는 단체라며 나름 이야기하는 시간을 조직에서 마련하더라고. 그런데 마음을 잘 표현하는 사람들의 이야기만 잘 받아들여져. 속으로 삭혀야 되는 사람들, 오해를 삭혀야 되는 사람들은 상처가 커지지. 안타까운 것은 말을 잘 표현하는 사람들은 결국 수뇌부인 거야. 관리자급인 거야. 대표든 국장이든 팀장급의 사람이든.
• 지은

— 합리적인 설명을 해주질 않고 본인들이 맞다고 따르라는 경우가 자주 있으니까. 위선적인 모습 때문에 아무래도 심리적인 거리가 더 느껴지니까 불편한 게 있어. 같은 성폭력 사건이 발생하더라도 '국민의힘'보다 차별과 폭력에 대해서 꾸준히 목소리를 내던 '정의당'에서 벌어진 사건이 더 큰 충격이

고 상처가 되는 것처럼.

• 경미

— 선배들에 대한 기대가 있었고 실제로 사회적인 영향력과 가치 면에서 좋게 느꼈어. 하지만 그 안에서 위계에 의한 폭력을 행사한다거나 권력을 행사하는 걸 봤어. 여기는 조금 안전한 공간이라 생각했는데, 그렇지 않은 경험들과 계속 마주했어. 어떤 사람의 괴리되는 모습들을 봤을 때 실망했고, 더 실망하고 싶지 않아서 이 판을 떠나고 싶다는 생각을 했었지. 기본적으로 예술적 가치를 중심에 둔 일이다 보니까, 그 가치가 훼손되면 이 일을 안 하고 싶은 경향이 크긴 해.

• 재인

2021년 KBS 세대인식조사에 따르면, "50대는 겉으로는 민주적이지만 사실은 권위적이다"라고 답변한 청년이 무려 77.7%이다. 또한 이들이 기득권이라고 생각하는 비율 역시 79.7%에 달한다. 이러한 인식에 연계해 특별히 주목해야 할 부분은 산업화와 민주화 시기를 이끌어온 사람들의 공로를 인정한다고 답변한 청년 역시 78.2%라는 점이다. 물론 이 세대인식조사가 50대와 청년세대만을 자극적으로 대비시키면서 맥락이 삭제되었다는 비판도 있었다. 논란이 되는 부분들은 차치하더라도, 분명히 확인할 수 있는 핵심은 있다. 설문에 응답한 청년들은 지금까지 한국사회를 좋은 방향으로 이끌어온 성과에 대해서는 적어도 부정하지 않는다. 다만 변화의 흐름을 타고 기득권 엘리트가 된 사람들의 위선을 거부할 뿐이다. 일상 속에 만연한 그들의 위선으로 인해, 민주화와 경제성장 과정에서의 고난과 성과의 경험마저 초라하게 되었다.

기대가 크면 그만큼 실망도 큰 법이다. 정의를 외치는 사람들의 '내로남불'은 내 세상의 '악'이 된다. 시민들과 촛불을 들고 정권을 바꾼 청와대, 국회, 정부로부터, 세상을 좋게 만들었다는 소식보다는 수십억짜리 집으로 투기를 하거나 비위를 일삼았단 소리만 들리고 있다. 고위공직자들의 입에서 비정규직 청년이었던 구의역 김군의 비극적인 죽음이 개인의 부주의 때문이라는 말이 나오고, 그들의 업무 공간에서는 위력에 의한 성폭력 소식이 끊이지 않는다.

위선적인 모습을 무시해버리면 그만이라고 쉽게 생각할 수도 있다. 때와 장소를 가리지 못하고 감수성이 부족한 이야기를 하면, 한 귀로 듣고 한 귀로 흘리면 그만일 테다. 하지만 지속적으로 무시로 일관된다는 것은, 한 공간 안에서 서로 간의 신뢰가 사라졌다는 의미이다. 같은 일을 하고 있지만 길거리에서 마주치는 남보다도 못한 사람들이 가득하다면, 그것이 조직에든 사회에든 좋지 않을 것이 자명하다.

물론 기성세대만의 문제라고 생각하지는 않는다. 위선은 사람들 누구에게나 있고, 지금의 청년들이 권한과 영향력을 가지게 되었을 때 꼰대가 되지 않을 것이라 확신할 수 없다. 지금도 당장 기성의 방식을 체화하고 꼰대의 길에 들어선 청년들도 많다. 더 많은 부를 쌓고 계급상승을 할 수 있는 조건이 되는 청년들은 세상과 끊임없이 타협하며 살아갈지 모른다. 인간은 불완전한 존재이기에 100% 완벽한 정의를 구현할 수 없다.

무결함의 문제라기보단 염치의 문제일지 모른다. 시민들은 지난 수십 년간 우리 사회를 더 풍요롭고 행복하게 만들라며 각자의 영역에서 헌신하고 힘도 모아왔다. 멋진 명분을 통해 풍요롭고 민주적이고 공정한 사회를 약속했다면, 그 책임감을 조금 더 무겁게 받아들였어야 했다. 최소한 일상에서라도 자신의 원칙과 명분에 맞게 행동했어야 했다. 약속을 최대한 지켜보려 노력하고 혹시나 잘못을 했다면, 진심으로 사과를 하면 포용할 수 있었을 테다.

하루 종일 시간을 함께 보내는 일터에서, 조직문화가 조금이라도 민주적이었다면 어땠을까. 위선보다는 책임지는 모습이 더 보였으면 어땠을까. 분명 다수의 청년들에게 생긴 무기력과 분노의 정도가 지금과는 달랐을 것이다. 정부의 정책이든 조직의 사업이든 시행착오를 겪거나 부실한 부분이 있어도, 조소를 보내기보다는 기대를 버리지 않고 부족함을 채워나가는 역할을 함께했을지도 모른다.

어리다는 이유의 결함

한국 나이로 서른 살이 됐을 때, 그렇게 기쁠 수가 없었다. 어리다는 이유만으로 똑같은 조건에서도 능력을 인정받지 못했던 20대의 경험이 강렬했기 때문이다. 이제 어디 가서 30대라고 말하고 다녀도 거짓말이 아니다. 서른아홉 살까지는 30대로 한데 묶이다 보니 29살 12월 31일에서 30살 1월 1일, 단 하루가 지났을 뿐이지만 10년은 먹고 들어간 느낌이었다. 노안은 자신 있었다. 나에게는 오직 민증으로 증명되는 '30대'가 필요했다.

직함을 맡게 되면 '나이 명함'의 중요성이 두드러진다. 최근 한국사회주택협회라는 단체의 이사장을 맡게 됐다. LH와 같은 공기업이 아닌 민간기업이 짓고 비영리 목적으로 운영하는 공공주택을 '사회주택'이라고 부르는데, 한국사회주택협회는 이러한 사회주택사업을 하는 100여 개의 민간회사들을 조율하고 지원하는 역할을 한다.

이 직함을 맡기 전에는 청년 700여 명이 모여 직접 주거 정책을 짜고 사회주택을 짓는 청년단체이자 청년기업인 '민달팽이'를 담당하고 있었다. 새로운 직함을 달자 청년단체의 임기를 맡았던 때와는 사람들의 반응이 사뭇 다르다. '민달팽이'는 이름부터 말랑말랑한 느낌이 강해서 그런지, 대표자라 해도 사람들이 거부 반응 없이 받아들였다. '청년'스럽기 때문이다. 그런데 한국의 사회주택사업자를 총괄하는 역할을 맡고 있다고 하면, 다들 적잖이 당황하는 반응을 보인다. 아마도 '청년'스럽지 않기 때문일 테다. 그런 반응이 이해가 가지 않는 것은 아니다. 한국사회주택협회는 지난 임기까지 소위 86세대라고 불리는, 민주화 운동으로 뉴스에도 자주 등장했던 분이 맡고 있었다. 50대 나이에 산전수전도 다 겪었을 법한 중장년의 모습이 익숙한 게 '이사장'이다.

사실 이사장직을 '머리에 피도 안 마른' 90년생이 못 맡을 이유도, 어색할 이유도 없다. 내 능력이 뛰어나서라기보다는 조건이 그러했다. 주거복지 분야에서 사회주택의 역사는 10년이 채 되지 않는다. 민달팽이는 만으로 열 살이 넘게 장수한 단체다. 청년단체이지만 경력에서만큼은 민달팽이 출신 활동가들이 최고참이라고 할 수 있다. 더불어 사회주택은 대부분 '청년주택'을 표방하고 있어서, 수요자에게 더 실감 나게 다가가기 위해선 중년의 감성보다는 같은 세대에서 나오는 아이디어가 아무래도 더 매력적일 것이다. 게다가 이해관계도 적고 잃을 것도 없는 게 새삼 강점이 될 수 있다. 영업한다는 인상을 강하게 풍기지 않으면서 정책적으로 호소력을 보일 수 있다. 전임 기수의 리더도 이를 공감했고 공정한 절차를 통해 선출됐다.

그렇지만 선출의 과정은 결코 무난하지 않았다. 누구나 예상할 수 있듯 나이가 가장 큰 걸림돌이었다. 주택사업을 하는 회사의 CEO들은 90% 가까이 중년 남성들인데, '장유유서'가 중요하다는 한국사회에서 이들을 조율하는 역할을 고작 30년 살아본 경험으로 할 수 있겠냐는 반문이었다. 사업을 추진하고 이해관계자를 조정하는 업무가, 논리도 능력도 필요 없고 '나이'만으로 해결 가능하다면야 어쩔 수 없겠지만, 2021년의 상식으로는 당연히 말도 안 되는 이야기이다.

　우여곡절 끝에 임기를 시작했지만, 그 이후에도 웃지 못할 해프닝은 많이 벌어졌다. 공공기관이나 기업의 주요 인사들과 만나협의할 자리에 일찍 도착해 사람들을 맞으면, 분명 서로 인사를나누었음에도 회의 시간이 다가오자 그제서야 약속이라도 한 듯이 비슷한 질문을 던졌다. "이사장님은 언제 오시나요?" 우리 사회는 청년을 결정할 수 있는 주체로 감히 생각하지 못한다. 이러한 경험은 모든 분야에 적용될 수 있다. 남초집단이라, 도제식이라, 문화가 보수적이라, 조직원이 많아서 혹은 적어서, 청년이 대표직을 맡기엔 부적합하다고 비판한다.

　나만의 경험도 아니었다. 뉴미디어의 새로운 지평을 열었다고 평가받는 D채널의 성과 공유회에서 이 채널의 청년 대표에게던져진 질문 중 하나가 "애인 있어요?"였다. 그가 20대가 아니었다면 술자리도 아닌 공식 행사에서 그런 질문을 받았을까. 우습게도 거대 야당의 당대표로 선출된 30대 정치인 역시 인터뷰에서똑같은 질문을 받았다. 청와대 청년비서관으로 임명된 청년이 경력과 능력 검증 이전에 스물다섯 살이라는 점이 유난히 부각되기도 했다. 단순히 직원인지 대표인지의 차이도 아니다. 정치냐 기업이냐의 차이도 아니다. 나이가 어리다는 이유가 곧 미성숙하다고 이어지는 순간을, 분야를 막론하고 만나게 된다. 이러한 편견 때문에 숨이 턱턱 막히곤 한다.

조직 관리자만의 문제도 당연히 아니다. 선거 때 20대가 보수를 지지하면 사회생활도 못 해보고 철이 없어서 그렇다며 '20대 개새끼론'을 들먹이고, 진보를 지지하면 고생도 안 해봐서 생각 없이 투표한다고 비난한다. 한쪽에서는 적폐 청산, 다른 한쪽에서는 안보 문제에 최우선으로 관심을 가지지 않으면, '뭘 모르는 애' 취급한다. 나이가 적을수록 세상도 모르고 무언가 부족할 것이라는 시선이 기저에 깔려 있다.

결국 나이 어린 청년들은 나이 많은 사람들의 뒤를 봐주는 정도의 역할에 국한되고 만다. 권한이 제약되니 능력을 증명할 길이 없다. 많은 가치 중 나이를 가장 중요한 능력으로 평가하는 사회는 그만큼 느려질 수밖에 없다. 나이로 구성하는 권력과 편견은 수많은 잠재력을 묻어버리고 이를 통해 이익을 누릴 수 있는 사람들의 생각과 이해관계만을 대변하게 만들기 때문이다. 어리다는 이유가 '결함'이 되는 사회. 그곳이 바로 한국이다.

세상에는 나이와 관계없이 능력이 필요한 공간이 많다. 98년생 진만은 국제구호 단체, 94년생 미래는 출판사, 94년생 익준은 정책개발 회사에 다니고 있다. 세 명의 공통점은, 모두 20대로서 실력을 갈고닦고 열심히 노력했지만 20대라는 시선에 의해 한계를 경험했다는 것이다.

— 과장님이 피드백을 해보라길래 나는 드라이하게 비판을 했어. 이럴 바엔 차라리 우리 단체에 실질적으로 도움이 될 수 있는 뭔가를 실행하면 좋지 않냐는, 또래들끼리였으면 편하게 나올 법한 이야기였지. 그런데 내가 마침 팀에서 막내였어. 이 얘기를 하니까 분위기가 싸해지고 과장님 얼굴이 울그락불그락하더라고. "이래서 어린애들은 안 돼", "이래서 20대는 안 돼" 나중에 이런 식으로 뒷말까지 했다는 거야.

그런데 결과가 어떻게 되었는 줄 알아? 본부에서 연락이 와서 내가 비판했던 내용과 비슷한 지시가 내려온 거야. 갑자기 과장부터 아무 말 없이 진행하더라고. 그 이후에도 어떤 일을 할 때, 나이가 어느 정도 있으신 분들이랑 얘기를 하거나 일을 하면 내가 어리다는 게 깔려 있으니까, 내 능력과 상관없이 약간 무시받는 것도 많았던 것 같아.

• 진만

— 위계관계를 강요하지 않으려고 노력하시는 분들인데도, 은연중에 나이에 대한 편견이 나올 때가 있어. 예를 들어, 감정을 표현하는 게 요즘 에세이의 유행이야. 감정 표현을 잘하는 필자나 책을 추천할 일이 많았지. 그러던 어느 날 사장님이 청년 필자들은 감정 표현은 잘하지만 뭔가 논리적인 글은 잘 못 쓰는 것 같다는 얘기를 하더라고. 나한테 하는 말이 아님에도 기분이 나빴지. 아직 미숙한 존재라는 편견. 솔직히 그분들이 읽는 책을 봐도 너무 오래된 책들만 읽어. 그리고 요새 청년들에게 유행하는 책은 그냥 장르가 다를 뿐인데, 이걸 또 뭔가 어린애들은 할 수 없다는 미숙함으로 볼 때 불편한 지점이

있는 것 같아.

백번 양보해, 진짜 미숙하거나 진짜 할 줄 모르면, 배우는 과정이 있으면 되잖아. 충분히 생각하고 기다려주는 게 좀 필요한데. 자기들은 처음부터 잘한 것도 아니고. 그건 또 아니야.

• 미래

― 저는 20대들이 바보가 아니라고 생각해요. 20대들이 정치 참여나 사회적 이슈에 관심이 없을 것이라 생각하지만, 저희야말로 정치 참여가 중요하고 직장에서든 집에서든 평등한 문화를 지향하는 사람들이거든요. 그 어떤 세대들보다도 정치든 사회든 문화든 다 공부한 세대예요. 기성세대들은 20대를 애들로 보니까 그런 점에서 정치는 미흡했고 20대들의 분노가 극대화된 것이라고 생각해요. 우리 사회가 20대든 아니든 각자의 노력을 인정해주었다면 격한 반응도 나오지 않았겠죠? 저에게도 똑같은 시선을 보내놓고, 그것에 대한 반성 없이, 이제야 찾아와서 20대가 왜 그런지, 어떻게 문제를 해결해야 하는지 물어본다면 저는 누구를 위해 무슨 말을 할 수 있을까요.

• 익준

BTS를 담당하고 지원하는 업무를 맡은 친구의 톡톡 튀는 아이디어에 감탄한 기억이 있다. 드라마 피디였던 형에게서도 새로운 트렌드를 어떻게 방송에 녹여낼 수 있을지 고민하는 이야기를 들을 때 신선함에 참 놀라곤 했다. 그리고 이런 이들의 생각은 한류 콘텐츠 산업을 세계 시장에서 이끌고 있다. 나이의 편견을 없애니, 성과도 함께 좋아진 것이다. 일을 주도해나갈 수 있는 능력이 청년들에게도 있다는 사실을 더 입증할 필요는 없는 듯하다. 남은 과제는 의사결정 권한의 확장이다. 각자의 위치에서 열심히 살아가고 있는 사람들의 이야기가 필요하다.

20대의 한빛 피디가 방송업계의 구조적 부조리를 건드리며 '원래 그렇다는 세계'를 바꾸어냈듯이, '나이가 어리다는 결함'은 상식이 될 수 없다. 오히려 편견을 걷어내고 나이를 판단 기준에서 삭제해야 우리 사회가 직면한 시대적 과제도 잘 해결해나갈 수 있을 것이다. 정말 간절하다. 지금까지와는 다른 시선에서, 이해관계에서도 자유롭고 미래를 책임질 수 있는 사람들에게 권한을 주고 함께 숙의하는 모습을 보고 싶다. 그레타 툰베리가 열여섯 살에 유엔에서 했던 연설을 돌이켜볼 때가 되었다.

어떻게 계속해서 외면할 수 있습니까? 충분하다고 말할 수 있습니까? 필요한 정치와 해결책이 여전히 아무 곳에서도 보이지 않습니다. 여러분은 우리가 하는 말을 듣고 있고, 절박함을 이해한다고 말합니다. 그러나 아무리 슬프고 화가 나도, 저는 그 말을 믿고 싶지 않습니다. 만약 정말로 지금 상황을 이해하는데도 행동하지 않는 것이라면, 여러분은 악마와 다름없기 때문입니다. 그래서 저는 믿는 것을 거부합니다.

4

소모하는
일터

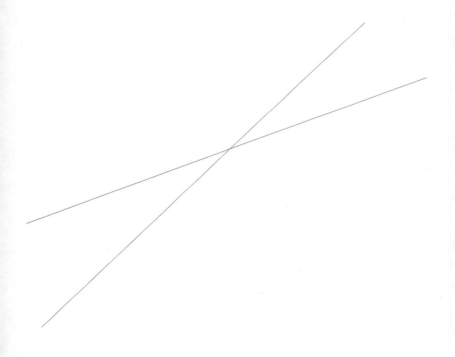

한빛, 패배자

끔찍한 이야기이지만, 금수저가 아니라면 생애주기 중 청년기는 자존감을 갉아먹는 시기로 분류될 수 있다. 성인이 되자마자 대학으로 서열화를 시킨다. 20대 초반이 되면, 여성은 사회의 유리천장에 큰 한계를 경험하게 되고, 남성은 입대를 비롯한 군대문화의 위계 속에서 개인의 자존감을 심각하게 위협받는다. 일자리가 부족한 취업시장에서 취업준비생들은 수십 수백 개의 자기소개서가 휴지조각이 되는 것을 목격하고, 어렵게 입사해 사회초년생이 되더라도 수직적 문화 속에서 부속품 취급을 받으며 노동을 이어가야 한다. 우월감을 느낄 수 있는 아주 소수를 제외하고는 자존감이 너덜너덜해지지 않고 20대를 넘어서기란 불가능에 가깝다.

형이 처음 세상을 떠났을 때, 거대한 대기업 방송국은 모든 자료와 증언을 통제했고 형의 근태가 불량한 것을 가지고 왜 회사에게 책임을 묻냐며 유가족들을 압박했다. 사랑하는 사람이, 죽음 이후에도 낙오자와 패배자로 전락하고 있었다. 조직은 거대하고, 개인은 초라했다. 시야는 불투명했고, 한 발 내딛을 땅이 마땅치 않았다. 일터가 마치 출구 없는 동굴이자, 지지대 없는 늪 같았다. 특히 형과 함께 취업스터디를 하며 언론고시를 함께 준비했던 슬기는, 형 사건 이후 무력감을 더욱 생생하게 느낄 수밖에 없었다고 한다.

— 직장 내 폭력으로 괴로워하는 청년들이 어느 정도 이해는 되더라고요. 거대한 구조적 문제에 맞닥뜨리고, 매일매일 몇 시간씩 폭언과 압박이 들어오는 상황이죠. '내가 구조 아래서 할 수 있는 것이 없다'는 무력함을 느끼는 순간, 이성적으로 해석이 안 되는 영역에 들어가는 것 같아요. • 슬기

세상은 빠르게 변하고 있다. 산업도 세상에 맞게 고도화되고 새로워지고 까다로워진다. 하지만 상당수 조직은 세상의 속도를 감당할 만한 시스템을 갖추고 있지 못하다. 도제식으로 교육이 이루어지고 별다른 체계나 지원 없이 새롭고 잡다한 업무를 떠맡아야 하는 경우가 많다. 가뜩이나 일도 많은데, 중구난방으로 일을 처리하니 업무량도 덩달아 증가한다. 특히 낮은 연차의 청년 노동자들은, 말초신경계처럼 촘촘하고 광범위한 현장의 업무를 책임져야 한다. 체계가 없다 보니, 업무의 디테일은 조금씩 어긋날 수밖에 없다. 반면 한 번의 실수는 치명적이다. 수직적 구조가 공고화한 조직사회일수록 윗선으로부터의 지탄과 비난이 거세

다. 실제 현장이 어떻게 돌아가는지 제대로 알지 못하는 부장님·과장님에게 욕을 먹는 것도 억울하지만, 본인의 실수가 조직의 성과에 작은 타격을 준 것도 분명하기에 압박감과 죄책감을 떨치기도 어렵다.

청년 노동자들이 스스로를 '갈아가며' 노동을 이어가는 이유는 사회적 압박감에서 기인하는 경우가 많다. 주어진 일을 제대로 처리하지 못하면 낙오자로 취급받기 쉽다. 과도한 업무 지시와 폭력적 문화 그리고 장시간 노동이 잘못된 것이지만, 문제를 받아들이지 않고 탈출하려 하면 패배자로 낙인찍힌다. 극심한 취업난 속에서, 긴 시간 고통을 감당하면서 겨우 관문을 뚫고 들어온 직장이다. 빽도 자원도 없이 다시 취업시장으로 돌아갈 생각을 하면 막막할 수밖에 없다. 형의 친구들 중에서도, 한빛 피디를 떠올리며 오히려 직장에 대한 공감을 이어가는 사람들이 많았다.

— 회사생활이 너무 힘들었어요. 우울증에 걸릴 뻔했어요. 전투적인 분위기 속에서 사람을 극단적으로 몰아가는 상황에 대해서, 제가 그 조직 안에 있다는 것에 대해서 스스로 너무 충격을 받았거든요. 제가 원래 교류하던 친구들은 그런 사람들이 아니었어요. 회사는 엄청 경쟁적이고 갈아 넣는 문화잖아요. 소수 인원이 수백 배의 일을 해내야 하니깐 사람들을 구석으로 몰아붙여요. '아, 이래서 사람들이 괴로워하는구나'라고 처음 생각을 하게 되었어요.   •윤영

— 제가 입사 과정이 매우 힘들었거든요. 피디는 애초에 많이 안

뽑기 때문에 힘들게 겨우 방송국에 들어갔는데, 쌍욕을 들어도 그만둘 수가 없는 거예요. 그만두면 지옥 같은 언시[언론고시]를 다시 해야 하니깐. '피디로서 나의 로망은 포기해야겠다.' 이런 생각을 하죠.

어릴 적부터 성공을 위해 달리라고만 하니깐, 무언가가 안 되면 큰일 난다고 알고 살았어요. 결국에는 그냥 직장인이 되었어요. 그냥 톱니바퀴이고, 결국 별게 없잖아요. 어딜 가든 똑같고요. 그런 경험들이 이어지다 보니 이 길에서 미끄러지면 뭔가 낙오자가 될 것 같다는 생각까지 들었어요.　•수영

패배자가 된 경험. 서른 즈음의 청년에게 물어본다면 열 명 중 아홉은 패배자, 낙오자가 된 경험을 이야기한다. 입시에 미끄러졌고, 1천여 개의 자소서가 종이 쪼가리가 되고, 인턴과 입사 면접의 문턱에서 수도 없이 떨어졌다. 나는 패배하고 있는데 인스타그램에 들어가면 잘나가는 사람들은 너무나 많은 듯하다. 세상의 흐름도 비슷하게 무기력한 것처럼 보인다. 산업화의 성공가도를 타본 적도 없고, 민주화를 이뤄낸 청년기의 기억도 없다. 어릴 적부터 IMF와 정리해고, 불평등의 장면만 익숙히 보아왔다. 자존감을 충분히 가질 만한 여유는 주어지지 않았고, 불안감을 채찍질 삼아 경주마처럼 달리고 있다. 사회가 함께 이들을 품고 나아갈 수 있으면 좋으련만, 한국의 노동 현장은 진입 단계부터 적응까지 패배자를 가려내는 일에만 몰두하고 있다.

사회가 청년들을 계속 패배자와 패배하지 않은 사람으로만 나눈다면, 제도가 일부 개선되는 것만으로 일터의 문제가 해결되

기는 역부족일 것이다. 누구든 낙오와 패배의 경험이 있다. 성공의 역사도 개인의 능력만으로 이루어지진 않았을 것이다. 이제는 그만 갈라치기했으면 좋겠다. 모두가 알다시피 대부분의 문제는 개인보다는 조직과 구조에서 벌어진다. 과몰입을 요구하고 폭력적이고 위계적이며 위험하기까지 한 우리의 일터. 패배자가 양산되는 악순환을 끊어버릴 때가 되었다.

2019년 7월 16일부터 직장 내 괴롭힘 금지법이 시행되었다. 비록 주 40시간은 아닐지라도 주 52시간 근무제를 골조로 하는 근로기준법 개정안이 수많은 반대를 마주하고도 통과되었다. 중대재해(기업)처벌법도 제정이 되었다. 과로사를 방지하기 위한 사회 각계각층의 요구가 이어지고 있다. 가야 할 길은 아직 멀지만, 분명 노동에 대한 제도와 인식은 나아지고 있다.

일터에서 패배자란 없다. 동굴의 출구를 많이 뚫어보자. 발딛고 일어설 지지대를 세워보자. 세상을 살아가는 방식은 절대 한 갈래 길이 아니다.

남는 것이 없는 일터

내가 하던 일은, 노조를 안 생기게 만드는 것이 목표였어. 리스크를 사전에 예방하는 일이지. 노조가 없는 회사는 근로자협의회를 만들어야 해. 내 역할은 근로자협의회에 인사팀에 맞는 사람을 앉히려는 거였어. 입맛에 맞는 사람을 세우고 싶으니깐, 후보군이 좁혀졌을 때 "A와 B 중에 A를 앉혀야 한다", "A를 [회장으로] 못 만들면, 너희가 할 일을 못 하는 것"이라고 강조하더라고.

나보고 태연하게 임직원들에게 가서, A의 장점을 말하고 B의 단점을 흘리라는 거야. 그리고 투표날에 A에게 유리한 그룹에게만 가서 투표 독려를 하라는 거야. 내가 그때 처음으로 아팠어. 이 일을 해야 한다는 사실이 충격적이었어. 내가 아주 도덕적이고 정의로운 사람은 아니지만, 이건 내가 생각하는 선을 넘었어. 노조 없이 근로자협의회가 있는 것도 불만인데, 그것마저 조작하려고 하는 거잖아. 그때 퇴사를 결심했어. '내가 여기서 계속 일을 한다는 것의 의미는, 이런 일을 더 잘 수행하는 사람이 되어야 한다는 것이구나'라고 느꼈어. 사원 때에는 성별 비율이 비슷한데, 과장 이상으로는 비율이 8 대 2 정도로 떨어지더라고. 당연히 육아휴직을 하는 비율이 여성이 170명이면 남성은 10명이 채 되지 않았지. 회식을 가면 과장 테이블은 여성으로 앉히고, 그 옆에서 남성은 고기를 굽는 자리가 정해져 있었어. 심지어 내가 일하던 곳은 남성 여덟 명, 여성 두 명이었는데 우리 둘만 빼고 회식을 많이 했어. 분명 전날 아홉 시에 다 같이 퇴근했는데, 다음 날 모두가 술에 취해서 늦게 출근하는 거야. 나중에 알고 보니, 여덟 명이서 토킹 바에 갔던 거지. 그러더니 따로 와서 여자니깐 그런 곳을 싫어할 듯해서 따로 간 거라고 말해주더라고. 뭐, 성희롱도 당연히 많지.

이 와중에 임원이 된 여성의 강연을 들었는데, 저런 차별을 모두 받아들여서 성공한 것이라고 소개하더라고. 그때 느꼈지. '내가 이 회사를 계속 다니려면, 이런 길을 가야 하는구나', '이런 차별과 이런 문제들을 극복해가면서 올라가는 수밖에 없겠구나'라는 것을 뼈저리게 느꼈어. 그럼에도 불구하고 이런 것을 문제 제기하지 못했던 나 자신이 부끄러웠고.

회사를 다니면서 느꼈던 건, 회사에서는 공부할 수 있는 기회는 없다는 거였어. 내가 가진 것을 소진하면서 다녀야만 했어. 회사를 나왔을 때 채워진 것 없이 그냥 0인 느낌이었어.

• 윤아

윤아는 대기업을 3년 넘게 다니다 퇴사를 했다. 윤아는 유별나게 똑똑하고 지독하게 성실한 친구이다. 가수 이효리의 배우자로 알려진 가수 이상순은 의자를 만들며 아무도 보지 않는 의자 밑부분까지 예쁘게 다듬기 위해 노력한다고 했다. 윤아는 이상순처럼 자신이 만족할 때까지 맡은 일을 책임져야 직성이 풀리는 친구였다. 개천까지는 아니더라도 하천 정도에서 용이 되는, 내가 아는 친구 중에서는 불안을 떨치고 기득권의 삶을 살아갈 수 있는 유망주였다. 노력만으로는 무언가 이루기 어려운 세상이지만, 다행히도 윤아는 대기업에 입사할 수 있었고 회사에도 좋은 직원이 되리라 믿어 의심치 않았다.

하지만 결국 윤아는 "0"이 남은 채로 퇴사를 했다. 회사가 판매하는 상품이 잘 생산되고 잘 팔리는 역할에 기여하지 못해서가 아니다. 흉기를 들지 않았을 뿐, 같이 일하는 직원을 괴롭히고 고객들을 위협하는 일을 묵인하거나 도맡아야 했다. 일을 해내기 위해서는 '인간성'을 남기지 말아야 했다. 업무량은 말할 것도 없다. 대기업에서 일하면 뭐라도 얻는 것이 있을 것 같지만, 남은 것은 낮아진 자존감과 망가진 몸뿐이었다.

안타깝게도 이 서사 안에는 청년 노동자들이 일터에서 소모되는 수만 가지 경우가 담겨 있다. 직장을 다니는 청년들이라면 윤아가 겪었던 일들에 기시감을 느꼈을 것이다. 대기업이든 중소기업이든 공기업이든 가리지 않고 어디든 매한가지이다. 흔히 쓰는 '영혼이 빨려 들어간다'는 말이 전혀 과장처럼 느껴지지 않는다. 기업에 입사할 때, 조직의 부품이 될 것을 모르고 들어가는 사람은 없다. 괴로운 것은 단순히 작은 역할밖에 수행하지 못한다는 초라함이 아니다. 기업윤리도, 사원에 대한 존중도 없는 시스템에서 결국 악용되고 버려진다는 현실의 자각 때문이다.

— 나에게 일이 닥치기 전까지는 친구들이 퇴사를 너무 많이 하길래 '왜 이렇게 나약하지?' 이런 생각을 했어. 심지어 어떤 말까지 했냐면, "열심히 하면 되지, 안 될 게 뭐가 있어?"라고도 했어. 그런데 나 역시 못 다니겠더라고. 성희롱도 그렇고, 갑질도 그렇고, 아저씨들의 그런 문화들, 그런 것들. 편 가르고 라인 세우고. 정말 어쩌다가 좋은 데 간 애들은 과로, 그리고 승진하려고 해야 되는 그런….
그래도 나는 보상이 괜찮아서 버티는 것 같아. 다른 친구들은 그마저도 안 되는 거고. 근데 보상을 받아도 문제는 있어. 그 보상이라는 게 대단한 것은 아니지만 굶지 않게 해주잖아. 집이나 자동차 같은 것들이 가능하고. 기본적으로, 좋은 데는 아니지만 [어느 정도] 살 수 있도록 생존을 보장해주니까 거기에 매이게 돼. 그리고 결국 어느 순간에 분리가 안 되기 시작해. 새벽 네 시 반에 나오고 밤 열두 시에 들어가고 그러기도 하는데, 진짜 착취적인 구조지만 그런 것들이 어느 순간에 양가적이게 되지. 얽매이는 예속이지만 삶을 버티게 해주는, 자녀가 있으면 유치원, 대학교 학비 이런 것들을 가능하게 해주는….

• 진명

— 내가 회사 들어가서 제일 많이 했던 건 설거지야. 회의감 때문에 퇴사를 시도하면 사람들이 왜 나가냐고 해. "너 일 잘하

는 것 같은데 있다가 보면 더 할 수 있을 것 같아"라면서. 내가 봤을 때는 그럴 것 같지 않아. 경험치를 늘려가는 과정을 아무도 이해시켜주지 않은 상황에서 우리는 무턱대고 기다리는 입장이야. 중소기업에서 도망가는 신입사원이 제일 많다는데, 그런[경험치를 늘릴] 기회가 없었던 것도 있고, 능력치가 없는 것도 있고. 여기서 배우는 것이 전혀 없는 것이 가장 큰 문제라고 봐.

• 선미

대형 종교법인의 6년차 중간관리자 진명, 서울로 올라가기보다 자신의 터전인 전주에서 일을 배워보겠다는 목표로 중소기업을 돌아다녔던 선미의 이야기다. 두 직장인은 전혀 다른 곳에서 일하고 있지만, 누가 어디에 다니든 관계없이, 결국 소모는 필연적이라는 입장으로 귀결된다. 차이가 있다면, 보상이 좋으면 삶은 유지하면서 예속되는 것이고, 보상마저 좋지 않다면 정말 심각한 일터가 되어 조만간 떠날 수밖에 없다는 것이다. 자아실현은 퇴근 후에 하고 일터에서는 기계가 되어 돈만 받으라는 조언은 정언이 된 지 오래다. 합격 소식을 처음 들었을 때만 하더라도 소속된 공간이 생겼다는 사실에 고양되거나 자부심이 생겼을 사람들이, 어느새 에너지가 모두 빨린 채 소모품으로 스스로를 정체화하고 있다.

요즘은 이직도 자유롭고 스타트업으로 떠나서 자존감을 찾는 경우도 많으니 괜찮지 않냐고 반문할 수도 있다. 늘 그렇듯 성공 서사는 잘나가는 기업에 속한 소수의 이야기일 뿐이다. 부양과 같은 각종 부담에서 자유롭지 않은 사람들은 떠나는 선택조차 하기 어렵다. 게다가 그 소수조차 자신이 몇 년간 열심히 노력했던 경험에 이직을 위한 스펙 이상의 가치를 두지 못한다.

임금이 많고 적음과 관계없이, 일터는 생활비, 전세집 대출금, 양육비를 해결하기 위해 다니는 곳처럼 느끼는 사람이 많다. 심지어 자산과 소득이 충분하지 않은 청년들은 여기에 그대로 있어도 답이 없고, 그렇다고 다른 직장을 준비할 만큼 여유도 없는 진퇴양난에 처하고 만다. 다니면 다닐수록 끔찍함이 가중되는 일터가 된 것이다. 학창 시절 생활기록부에 장래희망란을 채우며 직업에 대한 꿈을 바짝 키운 것이 무색해진다. 윤아뿐만 아니라 책임감 있고 똑똑한 친구들이 자기 실력을 발휘하며 다닐 수 있는 일터라면, 일하는 사람에게도 기업에도 윈윈이 되었을 것임이 분명하다. 작은 바람조차 오늘의 일터에서는 정말 꿈같은 이야기일 뿐이다.

어떤 사람에게는 더 위험한 일터

— 지금은 열 명 정도 일하는 공장에 다니고 있어. 소수라서 그런지 여기 분위기는 나름 좋아. 주어진 일만 잘하면, 관리자도 크게 터치 안 하고. 요새 이쪽 사업이 잘나가서 작업량이 너무 많은 게 좀 문제라면 문제일까? 월급도 혼자 살기에는 부족하지 않고. (…) 다행히도 내가 하는 일은 태양광 패널 중 작은 제품을 만드는 것이라, 크고 위험한 기계를 다루지는 않아. 다칠 수는 있는데, 목숨이 위험했던 적은 없어.

그렇지만 어떤 타이밍에 그만둬야 할지는 고민하고 있어. 이게 노예처럼 살고 있다는 느낌이 엄청 많이 들어. 여기 같이 있는 40대, 50대 아저씨들도 다 비슷하게 살던데, 너무 재미가 없어 보여. 평생 악착같이 일만 하다가 죽을 것 같은 느낌이랄까? 물론 회사 다니는 친구들이라고 다르지 않겠지. 우리 같은 애들은 돈 없는 노예가 되거나, 아니면 대기업 다니는 애들은 살 만한 노예가 되거나. 똑같은 인생이지.

그런데 돈 좀 있는 사람들은 다르던데? 나에게도 몇억이 있었다면 그걸로 돈을 불리며 적당히 일하고 살 수 있을 텐데. 돈 쌓아둔 사람들은 정말 편하게 사는 거 같아. 주식도 시드머니가 충분한 사람들만 왕창 돈을 벌잖아. 솔직히 편하게 살려면 방법은 그것뿐이라고 생각해.

내가 목표를 세웠어. 우리가 3년 전에 만났을 때는 내가 아예 목표가 없었잖아. 이제는 생긴 거지. 몇 년간 악착같이 일해서 1억을 모으는 거야. 그래야 그걸로 돈 굴리면서 수익도 얻고, 부족한 만큼만 일하다가 일이 빡세지면 때려치우기도 하고, 적당히 일하며 사는 거지. 근데 지금 이대로라면 그게 불가능해. 생각보다 돈이 쌓이지 않아.

지금 마음먹은 건, 라이더[요식업 배달 플랫폼 노동자]야. 이 동네[산업단지]에서도 라이더 수요가 엄청나거든. 악착같이 몇 년 뛰면 1억 모을 수 있다. 음, 문제가 있다면, 1억 모을 만큼 하려면 폭설, 폭우 때도 뛰어야 해서 목숨이 좀 위험하달까? 사고 날 위험은 크지만 그래도 돈을 진짜 모을 수 있는 유일한 선택지야.

• 제훈

　

오랜 친구여서인지, 반월공단에서 일하는 제훈과의 대화에서 특별할 만한 이야기는 거의 없었다. 우리 또래들이 매일매일 출퇴근하고 같은 일을 반복하는 삶을 노예에 비유하는 것 역시 새삼스럽지 않다. 일을 아무리 열심히 해도 자산 증식은 불가능하기 때문에, 최선의 선택은 주식이나 부동산이라는 판단도 대한민국 사람이라면 누구나 공감할 것이다. 다만 한 가지 이야기만큼은 그냥 지나치기 어려웠다.

죽음이 너무 일상적이다. 혹시나 죽을지도 모르는 일터라는 사실을 잘 알면서도, 별다른 선택지가 없으니 위험으로 스스로를 내몬다. 변호사, 검사, 교사, 교수, 의사, 공무원 등의 직업을 선택한다고 할 때, '언제든 일터에서 죽을 수도 있다'고 생각하지는 않는다. 굳이 '사'자 들어가는 직업이 아니어도 마찬가지다. 건설업이든 자동차 제조업이든 중공업이든 일반적으로 위험해 보이는 산업 영역에서도, 대기업 정직원으로 취직했다면 그 사람의 안전부터 걱정하진 않는다.

그런데 유난히도 어떤 일터, 어떤 노동자들은 '운이 없으면' 죽을 수도 있다는 사실을 알면서 출근해야 한다. 이들 대부분은 서울이 아닌 곳에 일터가 있어서인지, 혹은 4년제 대학을 나온 기자, 정치인, 법조인 친구가 없어서인지, 사고가 발생해도 제대로 대응조차 못 하고 묻혀버린다. 하루에 일곱 명이 산재 사망 사고로 집으로 돌아가지 못하는 사회다. 많은 청년들은 퇴근하지 못하는 일곱 명이 되지 않기만을 바라며 운에 기대 출근하고 있다.

지금의 삶을 한 단계라도 더 끌어올리고 싶어하는 제훈의 의지를 두고 누가 감히 함부로 말할 수 있을까. 사람이라면 당연히 가질 수 있는 욕구이고, 일상의 변화를 기약하며 의미를 찾는 것이 삶이다. 오히려 최선의 선택지가 죽음을 예정하고 있다면 그것이 비정상적인 것이다. 그리고 놓치지 말아야 할 안타까운 사실은, 죽을 수도 있는 위험한 일터가 다음 단계를 위한 최선의 선택지가 아니라 거부할 수 없는 유일한 선택지인 경우도 너무나 많다는 것이다. 구의역 스크린도어 작업을 하다 세상을 떠난 김 군과 태안화력발전소에서 생명을 잃은 김용균이 일하던 일터의 청년 노동자들도 마찬가지였을 테다.

"저기에 가면 죽을 수도 있대." 위험은 모두에게 공유된 사실이었다. 선택지가 없었을 뿐이다. 가령 누군가에게는, 더 안전하고 안정적인 곳에서 일하려면 4년제 대학 진학이 필요했고, 이를 위해선 등록금과 공부할 돈을 마련해야 하다 보니 당장 일할 수 있는 곳은 위험한 그곳이었다. 죽을 수도 있는 일터를 자신의 온전한 의사로 선택하는 사람이 과연 얼마나 될까. 내일의 자신이 조금이라도 나은 삶으로 나아갈 수 있는 유일한 대안을 선택했을 뿐이다. 운이 좋아 살아남은 사람이 되기를 바라면서.

당신이 꼰대 같은 마인드를 가졌다면 이런 의문이 들지 모른다. '그러게 공부를 열심히 하지.' 혹은 '위험할 것 같으면 그만두면 되지.' '왜 미련하게 목숨과 돈 몇 푼을 바꾸나.' 글쎄. 하지만 삶의 여건이 다르다는 것을 이해한다면 쉽게 꺼내기 어려웠을 말들이다. 대학 졸업증 없이도 안정적인 정규직에 들어갔던 사람이, 일해서 모은 돈으로 부동산을 마련할 수 있었던 사람이, 전혀 다른 조건에 놓인 사람을 이해하기란 아무래도 어려울 것이다. 위험할 것을 알면서도 정당한 대가와 안전을 담보받지 못하는 일을 해야만 하는 사회가 청년들에게 주어졌을 뿐이다.

지난 4월, 평택항에서는 스물세 살의 청년 이선호가 300킬로그램에 달하는 무거운 컨테이너에 깔려 세상을 떠났다. 심지어 한 작업장에 있었던 아버지는 아들의 마지막 모습을 지켜봐야만 했다. 산재 피해 유가족들의 단식을 통해 중대재해(기업)처벌법을 겨우 통과시켰지만, 단 몇 개월을 지나치지 못하고 참사는 보란 듯이 끊이지 않고 있다. 심지어 기업들과 그들을 둘러싼 권력의 태도는 더욱 가관이다. 기업들은 노골적으로 중대재해(기업)처벌법을 다시 손보려고 하고 있다.

노동자가 사망했을 땐 거들떠도 보지 않던 언론은 발맞추어 기업 편을 들고 나섰다.《조선일보》는 이선호 사고가 난 지 한 달이 지났을 무렵, 산재 사망을 일으킨 기업의 이익에만 초점을 맞춘「인명사고 나면 거의 공장 전체가 스톱… 수백억씩 손실」이라는 기사를 냈다. 고작 사람 하나 죽었는데 공장 전체가 멈춰야 해서 기업의 손실이 막대하단 내용이다. 이 기사는 아무렇지도 않게 먼저 떠난 청년 노동자들의 죽음을 비웃고 있다.

젊을 때 열심히 일해서 이후 제 한 몸 편하게 살아보겠다는 마음은 과한 바람이 아니다. 경제 규모가 세계 10위에 이르렀다고 자랑하는 사회에서, 안전 관리를 위해 상식적인 수준의 비용 지출도 어려운 문제가 아니다. 우리 사회는 해결책을 몰라서 막지 못했던 것이 아니다. 돈 몇 푼 아끼겠다고 매년 수천 명씩 다치거나 죽는 일터를 방치하는 기업의 편을 들지 않으면 된다. 안전한 세상을 누릴 권리가 있는 곳, 일터와 사람을 차별하지 않는 곳이 정상적인 세상이다.

노동자라고 부를 수 없는 노동자들

일터가 새로워지고 있다. 음식 배달 플랫폼, 새벽 배송, 게임, 유튜브 등 분야를 망라하고 익숙지 않은 형태의 노동이 급격히 늘어나고 있다. 누군가는 이러한 변화를 '혁신'으로 지칭하기도 하고, 다른 한편에서는 '비전형(非典型) 노동'이라 부르기도 한다.

새로운 노동의 결과로, 세상은 정말 편하고 재미있어졌다. 당장 필요한 물건이 있다면, 오늘 밤에 주문해도 내일 아침 문 앞에 놓여 있다. 자가격리를 당해도 배달 앱이 있으니 걱정이 없다. 퇴근 시간이 늦어 본방 사수를 못 해도, 넷플릭스 같은 OTT 서비스를 이용하면 원하는 드라마와 예능을 꼬박꼬박 챙겨 볼 수 있다. 혁신적으로 일상이 바뀌었음은 분명하다.

하지만 비전형 노동의 시선으로 바라보면 다른 세계가 펼쳐진다. 일단 퇴근이 없다. '새벽 배송'을 감당하기 위해서는 24시간 현장이 돌아가야 한다. 개발자들은 너도나도 '크런치 모드'(게임 출시 직전 진행되는 고강도 근무체제)로 게임을 만드니, 정신 차리고 돌아보면 어느새 내 몸은 완전히 망가져 있다. 폭설과 폭우로 밖에 나갈 엄두조차 못 내는 날에도, 시간을 맞추기 위해 신호 위반을 감수하고 스쿠터를 모는 배달 노동자가 있다.

누군가가 혁신이니 산업 발전이니 노동자들을 어떻게 잘 써먹을지 운운하는 동안, 일터에서 일하고 있는 청년들은 제대로 이야기조차 할 시간도 없이 혹사를 당하고 있다. 디자인 관련 일을 하다 지쳐서 업계를 떠난 주영은 일하던 당시의 기억을 이렇게 회고한다.

— 일을 시작하고 가장 처음 배운 개념은, 관련 기술도 아니고 철야와 야근의 차이였어. 근데 일반적인 의미의 야근은 아니고. 새벽 4시에 끝나냐, 다음 날 오후에 끝나냐 정도의 차이. 끝나는 시간이 절대 정해질 수 없어. 위에서 새롭게 지시하고 싶은 일이 생기면, 우리는 남아서 그 일은 모두 처리해야만 집에 갈 수 있어. 이쪽 판에서는 무엇이 상식적인 업무 분배인지 그런 기준이 없어. 그런 생각을 정지시키고, 주는 일을 기한 맞춰 해야지. 차라리 돈이라도 많이 주면 억울하지라도 않았을 텐데. 나중에 돌이켜보니, 우리가 해낸 과업이 그들에게 얼마나 많은 수익을 냈는지 뻔한데, 우리한테 돌아왔던 것은 쥐꼬리만큼이었어. • 주영

주영은 근로기준법으로 보호받지 못했다. 디자인업계의 특성상, 일하는 시간과 공간을 명확하게 규정하기 어렵다. 루틴한 노

동에 익숙한 노동법만으로는 주영의 일을 해석할 수 없었다. 제도의 공백. 비전형 노동자는 노동자조차 되지 못한다. 4대 보험, 주당 52시간, 안전한 일터를 위한 규칙으로부터 비전형 노동은 항상 예외이다. 그렇게 120시간 노동자를 쓸 수 있게 해달라고 요구하는 게임업체 사장님의 요구만 남게 된다. 게임업계에서 일하는 바다는 이렇게 이야기한다.

— 프로젝트와 시스템에 대해 정확히 아는 사람은 담당 개발자뿐이야. 테스트를 하고 오픈 단계까지 가져갈 때, 그 사람이 퇴근을 해버리면 대체할 만한 사람이 없기 때문에 크런치 모드에 돌입할 수밖에 없어.

정말 그렇게 일하고 싶지 않아. 하지만 어쩔 수 없는 이유는 정해진 마감 일정 때문이지. 앱이 알파 단계까지 가면 체크를 하는데, 그냥 통과하는 경우는 거의 없지. 대표 입장에서 봤을 때, 부족한 부분이 하나씩은 보이게 돼 있어. '이거를 좀더 추가해 봐' 이런 식으로 추가 과업이 주어져. 그렇게 변수는 계속 생기는데 일정은 그대로인 거지. 시스템을 한 번 추가한다는 것은 모든 기획자, 개발자, 디자이너가 만나서 다시 개발에 들어가야 한다는 건데, 시간이 상당히 들어.

대표님한테 일정 조정을 요청할 때도 있지만, 그것도 한계가 있어. 대표 머리에는 이번 하반기 안에는, 무조건 8월에 출시하고 싶은 목표가 있으니깐. 더 이상 건드릴 수가 없는 영역인 거지. 결론적으로는 조직의 헤드가 전체적인 공정 관리를 잘하거나 마감 일정을 조정하면 생각보다 크런치가 줄어들

수 있는 거야.　　　　　　　　　　　　　• 바다

　문제의식을 느끼는 바다조차도 크런치 모드를 하지 않을 방법은 모르겠다고 한다. 그의 말을 들었을 때 문득, 2016년이 떠올랐다. 한빛 피디가 세상을 떠났을 때에도 방송업계에서 비슷한 말을 반복했다. 주당 126시간의 촬영이 아니면 방법이 없다는 것. 하지만 사람이 죽고 떠나가니 그제서야 사회적 여론에 밀려 방법을 찾게 되었고, 업계 관련자 모두가 불가능하다고 했던 제작 시스템의 변화가 이루어졌다. 인기 드라마 〈슬기로운 의사생활〉의 경우, 주 2회가 당연하다는 드라마 세상에서 주 1회 편성을 하면서 노동을 존중하고 인기도 얻었으며, 이와 비슷한 사례도 속속 등장했다.

　하지만 바다가 일하는 게임업계는 아직 요지부동이다. 다른 비전형 노동의 일터도 마찬가지이다. 2017년, 한국 굴지의 대표적 게임업체 넷마블에서 노동자가 과로로 세상을 떠났다. 2020년, 열 명이 넘는 택배 노동자가 또다시 과로로 목숨을 잃었다. IT 기업들의 과로와 갑질 문제가 쌓이고 쌓이다가 2021년에서야 터졌다. 정치를 비롯해 근로기준법까지 비전형 노동을 방치하는 동안, 이곳에서 최선을 다해 일하는 청년 노동자들은 하루하루 좌절하고 아파하고 있다.

　우선순위를 다시 생각해보자. 청년들이 과로하며 제대로 된 임금을 받지 못하고 다치고 쓰러지는데, 노동자가 아니라는 이유만으로 방치하고 외면할 수는 없다. 더 편리하고 빠른 일상을 대가로 누군가 목숨까지 걸어야 한다면, 그 거래야말로 '공정하지 않다'.

주영과 바다 같은 친구들이 꿈을 포기하지 않고 계속 일할 수 있으려면, 소비자인 우리의 책임감도 필요해 보인다. 이를테면 더 없이 편리해진 일상 이전까지도 받아들일 수 있어야 한다. 새벽 같이 물건을 배송받지 못할지라도, 주 2회 좋아하는 드라마를 보지 못할지라도 말이다.

뛰어난 대중예술 콘텐츠, 효율적이고 흥미로운 일상, 새로운 시장을 창출하는 창업가의 모험에 주목하는 일은, 비전형 노동자를 보호하는 대책과 충돌하는 양자택일의 문제가 아니다. 우리의 편리한 일상을 비전형 노동을 갈아 넣는 방식으로 채우지 말자. 누군가는 변화를 가로막는 낡은 규제를 비판하기도 하고, 소비자의 욕구와 편리함이 우선시되는 시장 원리가 왜 문제냐 되묻더라도, 그 모든 것에 우선하는 것이 사람이라는 사실을 모두가 알고 있다.

엄마 기일조차 갈 수 없는 을의 일터기

— 엄마 돌아가신 지 얼마 안 되었을 때였어. 제사 준비를 아빠 혼자서 하기 힘드시니깐, 내가 연차를 좀 쓰고 싶다고 했지. 물론 우리 팀이 바쁜 날이 화, 금이었는데 마침 그 요일과 겹치긴 했어. 그래도 주변 동료들은 기일인데 어떻게든 빼주지 않겠냐고 하더라고. 그런데 윗분들이 뭐라고 했는지 알아? "챙길 거 다 챙기면서 어떻게 직장생활 하냐"고 거절하더라. 자기들은 챙길 거 다 챙기며 일하면서….   • 주영

주영은 3년 반을 회사에 헌신했다. 처음 계약직 2년의 기간이 끝나자, 정규직 전환이 아니라 파견의 형태만 교묘하게 바꿔서 다시 2년의 계약직을 제안받았다. 이때만 하더라도 주영은 회사 사정을 먼저 이해해주었다. 오히려 팀이 하는 업무에 도움이 되고자, 누가 시키지도 않는데 관련 자격증을 따서 업무 성과를

높여주기도 했다. 자신이 맡은 업무를 빨리 처리하고 여유가 생기면, 다른 사람, 다른 팀 업무 지원도 열심히 했다. 일머리가 좋은 주영에게 관리자는 정규직을 기대하게 만드는, 입에 발린 멋진 제안도 서슴없이 던졌다.

주영이 회사를 나와야겠다고 결심하기까지는 그리 오래 걸리지 않았다. 업무 특성상 연차를 마음대로 사용하지 못할 수 있다. 그렇다고 해도 어머니의 기일조차 쉬지 못할 만큼 중대한 이유가 있을 리는 만무했다. 업무가 과중되는 날 주요 인력이 빠진다면 동료들의 업무 부담이 늘겠지만, 단 하루 때문에 당장 회사가 문을 닫을 것도 아니다. 심지어 정규직들은 연차를 마음대로 쓰는 문화였다. 억울하면 시험 봐서 정규직으로 입사하지 그랬냐는 비아냥에, 계약직 한 명이 없다고 회사가 돌아가지 않을 것처럼 질책하는 이유는 무엇이냐고 반문하고 싶었다. 회사가 주영을 사람으로 존중했다면 사회생활 운운하며 연차 요청을 거부하지 않았을 것이다. 그저 계약관계에서 벌어진 갑질일 뿐이다.

결국 상처만 남은 채, 주영은 전혀 다른 영역의 일터로 넘어갔다. 지난 회사 관련자들이 종종 주영에게 오퍼를 넣지만 다시는 그곳으로 돌아가고 싶지 않다고 한다. 어차피 적은 돈을 주면서 잘 부려먹을 수 있는 비정규직을 찾는다는 사실을 너무나 잘 알고 있다. 비정규직·계약직이라는 이유만으로 사람 취급조차 받지 못하는 일터를 돌아보고 싶을 리 없다.

하지만 20대 후반에 새롭게 찾은 일터도 녹록하지 않았다. 오랜 백수생활은 사치였기에 악착같이 공부를 했고, 남들이 부러워하는 공인 자격증도 땄다. 하지만 20대 후반 여성 비정규직 노동자에게는 자격증까지 따며 힘들게 들어간 업계나 예전 일터나 별반 다르지 않았다.

— 작은 회사다 보니, 코로나 영향으로 사업이 크게 위축되었어. 사장님도 더 위로부터 압박을 받겠지. 근데 사실 사업이 잘 안 되는 것이 우리 책임은 아니잖아. 위에서 당한 것을 가장 말단의 직원에게 풀어냈어. 우리 업무 특성상, 사업이 위축되니깐 일이 없어 한가할 때가 생겨. 열심히 일하고 있지 않으면 뭐라고 잔소리를 시작해. 가만히 앉아 있을 시간에 현장을 나가거나, 제 일도 아닌 영업을 해오라는 거지. 본인은 휴대폰 게임 하면서. 결국 폭염 속에서 현장에 나가 안 해도 될 점검을 했어. 그것만 문제가 아니야. 거짓말도 많이 했어. 딱 봐도 진행하면 이건 아니다 싶은 것들, 소비자에게 좋지 않은 것들도 장사가 안 될 때면 거짓말까지 하면서 팔아야 했어. 회의감이 엄청나게 들었어. 솔직히 월급이라도 많이 주면 모를까.
· 주영

결국 주영이 다니던 회사는 코로나의 영향으로 매출이 급감하자 직원들에게 퇴직을 종용했고, 계약직 직원이었던 주영 역시 퇴사를 선택할 수밖에 없었다. 자격증 덕분에 동종업계에서 금방 새로운 직장을 구하긴 했지만, 당연히 정규직은 아니었다. 노동자를 사람 취급하는 직장인지를 열심히 알아보고 들어간 곳이었기에 무탈할 줄 알았지만, 이번에는 야근의 늪에서 헤어나오질 못하고 있다. 야근수당을 받기조차 미안한 작은 회사에서, 사람이 좋아서 그나마 버티고는 있다. 코로나 때문에 이직을 쉽게 할 수도 없으니, 세상에 정상이 아닌 일터는 없다는 합리화를 통해 꾸역꾸역 직장을 다니고는 있다. 그럼에도 언제까지 이렇게 살아야 하나 회의감은 자연스럽게 몰려온다.

— 몇 년 뒤가 그려지지 않아. 내가 그전 업계를 떠나면서, 이력서의 일관성이 없어졌잖아. 그때 땄던 자격증도 활용할 수 없고. 여기서 나오면 이제 갈 수 있는 곳이 있을까. 집은 마련할 수 있을까. 전혀 그려지지 않아. 고민해보아야 별수가 없으니, 일단은 현재만 살고 있어. 현재 다니는 곳 사람들이 좋긴 해서 이직할 마음은 없지만, 막막한 것은 마찬가지이고, 엄청 행복하다고는 말할 수 없어. 나는 혼자 생각하는 시간을 좋아하는 사람이잖아. 여유를 가지고 TV도 보고, 집에 앉아서 수공예 하는 것도 좋고, 제과제빵도 배우고. 그런 아기자기한 일상을 보내는 것을 좋아하는데, 지금은 내 행복을 위해서는 잠을 서너 시간밖에 못 자니깐 답답해.
돈도 제대로 안 주고 사람 취급 안 해주는 곳은 당연히 싫지. 안정적인 수준의 임금을 보장받는 것도 중요하고. 하지만 나만의 시간도 확보되었으면 좋겠어. 글쎄, 대단한 바람은 아닌 것 같은데, 왜 하나밖에 선택할 수 없는 것일까. • 주영

742만 명의 비정규직 노동자가 정규직 노동자의 52% 수준의 임금을 받으며 일하고 있는 사회. 2020년 통계청이 발표한 수치 자체도 충격적이지만, 비정규직이라는 이유만으로 상식 수준의

권리조차 주장하지 못하는, 숫자 이상의 이야기가 있다. 비정규직으로 시작해야 하는 청년은 오늘도 자존감을 갉아먹히며, 경제적인 불안까지 함께 안고 살아가야 한다.

같은 일을 하는 사람에게 같은 임금과 같은 대우를 하는 것이 그리 어려운 개념으로 보이지는 않는다. 시험과 공정, 산업구조의 변화 등 비정규직 문제를 두고 복잡한 과제가 겹쳐 있지만, 상식을 지키자는 원칙에서 모든 논의를 출발했다면 충분히 실마리를 찾을 수 있었다. 하지만 안타깝게도 일터의 을은 그저 선거 정도에나 언급되는 소재였다. 오늘의 정치와 사회가 돈이나 표가 되지 않으면 발을 빼버리며 머뭇거리는 동안, 엄마의 기일조차 갈 수 없는 을의 일터기(記)가 완성되고 말았다.

5

우리 사이의
불평등

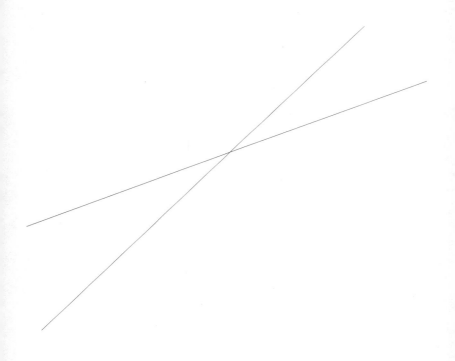

한빛, 그의 마음이 가닿고 싶었던 곳

난 아직도 그런 거 꿈꿔. 내가 졸라 유명한 피디가 되는 거야.

그런 담에 사회 이슈 있을 때 진보적 발언을 막 해. 그럼 선거철 되면 진보적인 정치인들이 지지선언 같은 거 부탁하겠지?

그런 제안 받으면 "난 선거 관심 없어요. 지금 투쟁 중인 XX기업 노동자들에게나 관심 가져요"라고 공개 발언하는 거야. 그게 내 버킷리스트 중 하나.

투표 무용론을 사상으로 가진 건 아니야. ^^ 뭐 나름의 의미는 있겠지. ㅎㅎ 뭐든 투표로 해결해야 한다는 한국사회의 담론 소비 방식이 문제가 있기에….

한빛 형이 슬기와 나누었던 카톡 내용이다. 형은 카톡방이 이렇게 털릴 줄은 몰랐을 테다. 살짝 미안하긴 하지만, 대책위 시절 형이 일했던 방송국에서 자료 협조를 거부했기 때문에, 형의 명예 회복을 위해서는 그가 남긴 흔적을 샅샅이 보아야 했다(프라이버시를 공개한 것에 대한 나름의 변명이다). 어쨌든 방송 현장에 관한 자료를 제외하면, 손발이 오그라들거나 '이불킥'을 했을 만한 흥미로운 내용도 꽤나 많았다.

형의 카톡 속에 드러난 '관종' 기질에 괜히 부끄러워지긴 하지만, 조금만 깊게 내용을 들여다보면 그가 바라보고 있던 곳을 발견할 수 있다. 부당하고 불합리한 일이 발생해도, 세상은 모든 사람에게 말할 기회를 동등하게 주지 않는다. 우리는 유명 정치인의 이야기는 사생활까지도 지겹게 들을 수 있지만, 어떤 청년 노동자의 죽음에 대해서는 도무지 접할 수 없다. 직업에 따라, 재력에 따라, 자산에 따라, 성별에 따라, 권력에 따라 사회에 외칠 수 있는 목소리의 크기가 다르기 때문이다. 불평등한 사회구조가 우리의 일상에 당연하게 녹아들어 있다. 정치는 1인 1표라는 공평한 시스템 속에서 심판이면 심판, 응원이면 응원을 할 수 있지만, 삶과 삶 사이에 깊게 스며든 불평등은 쉽게 드러내기도 해결하기도 어렵다.

형의 마음이 가닿고 싶었던 곳은 개인적 차원을 넘어서는 불평등의 현장이었다. 그가 남긴 글과 활동 이력을 따라가다 보면 시선이 향했던 곳은 명확했다는 사실을 알 수 있다. 자산 양극화와 투기로 인해 발생한 비극 용산참사의 현장, 사람을 궁지까지 몰아붙인 쌍용차와 기륭전자 해고 노동자들의 투쟁 현장, 모든 국민에게 상처를 남긴 세월호 천막, 그리고 형이 세상을 떠나기 불과 몇 달 전 안전장치 하나 없이 스크린도어 관련 작업을 하다 숨진 구의역 김군의 자리에 그가 있었다. 20대의 시간 대부분을 그곳에서 함께하고 있었고, 드라마 피디가 된 이후에도 잊지 않고 있었다. 구의역 김군이 세상을 떠났을 때, 형은 그 자리를 찾아가 이런 말을 남겼다고 페이스북에 썼다.

일찍 퇴근했기에 시간이 생겼다. 그래서 구의역에 갔다. 막차가 올 때까지 자릴 지키려 했다. 하지만 그리 오래 머물지 못하고 현장을 떠났다. 슬픔인지 분노인지 아니면 짜증인지 모를, 복잡한 감정이 솟구쳐 머리가 아팠기에. 역사를 빠져나왔다. 구조와 시스템에 책임을 물어야 하는 죽음이란 비참함. 생을 향한 노동이 오히려 생의 불씨를 일찍, 아니 찰나에 꺼뜨리는 허망함. 이윤이니 효율이니 헛된 수사들은 반복적으로 실제의 일상을 쉬이 짓밟는다. 끔찍한 비극의 행렬에 비록 희망을 노래하는 이가 없을지라도 염치와 반성은 존재할 것이란 기대도 같이 스러진다. 망하지 않아 망하지 못한 세상이다. 아니 망하지 못해 망하지 않는 세상이 맞을런가. 어느 게 정답인지 모르겠다. 둘 중 무엇이든, 답답한 동어반복으로밖에 설명될 수 없는 현실이 다시금 한 삶을 부러뜨렸다. 얼굴조차 모르는 그이에게 오늘도 수고했다는 짧은 편지를 포스트잇에 남기고 왔다. '오늘'이라 쓰지 않으면 내가 무너질 것 같기에 오.늘.이라 힘주어 적었다.

고강도 노동, 사망 사고가 빈번하게 발생했음에도 개선의 여지가 보이지 않았던 방송업계가 형으로 인해 균열이 시작되었던 가장 큰 이유 중 하나는, 구의역을 비롯해 불평등의 현장에 보냈던 형의 마음이 많은 이들의 공감을 이끌어냈기 때문이라고 믿는다. 방송 현장은 정말 다양한 스펙트럼의 노동이 겹쳐 있다. 가령 형은 연차가 낮은 조연출로 상사의 갑질을 감당해야 했던 사람이었다. 또한 정규직 중간관리자로 비정규직·계약직 노동자와 프리랜서에게 지시를 내려야 하는 역할이었다. 갑이기도 하고 을이기도 한 위치였다. 방송국, 외주 제작사, 연출팀, 기술팀, 미술팀, 작가, 후반부 작업자 등등 수많은 이해관계 속에서, 개인의 문제를 꺼내는 것만으로는 힘을 모으고 해결책을 마련하기란 너무나 어렵다. 형이 달랐던 지점은 이러한 다층적 상황을 불평등이란 시선으로 관통했기 때문이었다.

"방송국 소속 연출팀 중, 우리를 사람으로 취급해준 정규직은 한빛 피디뿐이었어요." 형과 함께 드라마 〈혼술남녀〉 미술팀으로 참여했던 스태프의 증언이다. 대책위 활동을 하며 정리한 수많은 자료 중에서 가장 값진 이야기였다. 불평등한 구조를 이해하고 서로가 대화하기 시작한다면, 서로 다른 조건에서도 마음을 모으고 더 올바른 방향을 찾을 수 있다. 어떤 지점에서 나보다 더 많은 것을 가진 사람일지라도, 또 다른 차원에서는 불평등한 구조 속의 약자일 수 있다는 사실을 통해 공감대를 가질 수 있다. 반대로 자신이 구조 속에서 받은 특별한 혜택의 지점을 인식하고, 그렇지 못한 사람들과 함께 나아가는 방법을 찾아갈 수도 있다. 불평등에 대한 이해와 공감은 '연대'의 시작인 것이다.

물론 공고화된 불평등을 깨트린다는 것은 말처럼 쉬운 일이 아니다. 형도 결국 좌절을 경험해야 했다. 하지만 분명 세상은 조금씩 달라지고 있다. 금수저, 은수저, 흙수저와 같은 수저론의 의미를 모르는 사람은 없다. 불평등에 대한 인식은 이전에 비해 널리 공유되었고, 공감을 얻고 있다. 한빛 피디가 고민했던 5년 전과는 분명 다른 대화를 시도해볼 수 있다. 따라서 다양한 불평등의 구조를 적극적으로 찾아내고 이해하고 해결하려는 노력을 멈추지 말아야 한다.

우리가 가닿아야 할 곳은 '청년이 행복한 사회'라는 납작한 세상이 아닐 테다. 모호하게 청년을 호명하고 소비하는 것보다 우리 사회 곳곳에, 그리고 청년들 사이에 스며들어 있는 불평등을 바라보고 간극을 줄힌다면, 청년에게 진짜 필요하고 와닿는 이야기를 나눌 수 있을 것이다.

그들이 사는 세상

쇼핑을 별로 좋아하지 않는다. 한국 사회의 TPO(의복을 경우에 알맞게 착용하는 것)에 부응하기 위한 용도로만 옷을 사는 편이다. 쇼핑에 돈을 잘 안 써서 그런지, 백화점에서 가격표를 볼 때마다 흠칫 놀라곤 한다. 보통의 사람들이 받는 월급을 상상했을 때, 저 가격의 상품들이 모두 팔린다는 것이 그저 놀라울 따름이다.

　이질감을 느끼는 순간은 백화점이 아니더라도 많았다. 주거 약자를 위한 사회주택을 짓는 일을 하면, 주택부지로 적합한 땅을 찾는 일부터 시작한다. 10억, 20억 투자와 후원을 겨우 받아내더라도, 역에서 좀 떨어진 땅을 하나 찾는 것조차 여간 쉬운 일이 아니다. 그런데 바로 옆에는 건물 몇 채를 소유하고 또 새로운 땅을 찾는 동네 아저씨가 있다. 기업도 아니고 개인이 '억' 소리 나는 일을 손쉽게 하는 것을 보면, 열심히 일해서 돈을 버는 게 덧없게 느껴질 때도 있다. 하긴, 어제까지만 하더라도 한자리에서 정책을 토론하고 고민했던 사람들의 수십 억짜리 투기 소식을 듣고 있자면, 같은 땅 위에 서 있지만 그들이 사는 세상은 내가 있는 이곳과는 괴리됐다는 것을 실감한다.

— 인터넷과 TV 프로그램 보면 세상이 다르다는 것이 확 다가와. 내 세상과 전혀 딴판이야. 〈나 혼자 산다〉를 보면 누구는 주말에 패러글라이딩을 하는 게 나오잖아. '저게 가능해?' 이런 생각이 들어. 주위를 둘러봐도 그런 사람을 흔히 발견할 순 없더라고.

부모님 잘 만나서 괜찮은 대기업에 들어간 친구들은 그런 게 가능해 보이긴 해. MZ세대라고 하는데 내부에서도 양극화가 있어. 『90년대생이 온다』에서 이들이 발칙하다고 하잖아. 근데 그것도 대기업에 들어갈 수 있는 친구들이나 그런 거 아닌가 싶기도 해.

반대의 친구들은 스스로를 '종이배'라고 하더라고. 사회가 정말 빠르게 변하고 파도가 많잖아. 그냥 거기에 떠서 둥둥 떠다니는 인생이라고 자조해. 타당해 보이지 않아? '내년에 뭐 하지?' 이런 고민이 큰 거지. 코로나 때문에 가장 친한 친구는 채용이 취소돼 원래 꿈꾼 직업을 포기하고 택배 배달을 시작했어. 그런 거지.　　　　　　　　　　　　　　　　・선규

— 나 같은 경우는, 시대가 변했는지 적어도 젠더 차별까지도 어느 정도 이겨볼 수 있을 것 같고, 이제 흐름상 다 깨볼 수 있는데, 극복이 안 되는 게 있어. 결국 [사업] 시작할 때 자본금

이 얼마 있냐, 집이 있느냐가 큰 차이더라고. 어쨌든 시작 단계에서 부모님 도움 없이 창업하려면 가장 큰 문제는 자산이야. 자산에서 너무 갈리는 거지. • 선미

대학에 진학하지 않고 맨땅에 헤딩하듯이 사회에 진출했던 선규는 다른 차원에서 사는 사람들이 있는 것 같다고 이야기한다. 자신은 '종이배'를 타고 항해하는 것처럼 막막함이 먼저 다가오는데, 저쪽 세계 사람들의 생각과 행동을 보면 그저 신기할 뿐이라고 했다. 전주에서 창업을 한 선미도 마찬가지이다. '사이다' 같은 추진력으로 각종 차별을 극복해냈지만, 출발부터 벌어진 자산의 차이는 극복할 수가 없었다고 소회를 말했다.

'넘사벽'(넘을 수 없는 사차원의 벽)은 이미 내재화되었다. 내가 저쪽 세계로 넘어갈 수 있겠다는 상상은 꿈에서조차 하지 않는다. 나뿐만 아니라 이쪽 세계에 있는 친구들 누구도 그런 기대는 하지 않을 것이다. 유재석 같은 4, 50대 연예인들은 지금이야 수십억대 자산가지만, 처음 인생관과 세계관이 자리 잡기 시작하는 20대에는 적어도 평범한 사람들이었다. 일반 대중들이 경험하는 일상에 대한 이해가 있는 것이다. 반면에 지금 활약하는 일부 아이돌이나 래퍼는 어린 나이부터 다른 세계에서 살아온 것을 명확하게 드러내고 있다. 청년들 내에 '공유하는 세계'가 사라지고 있는 것을 목격하는 일 자체가 지금 청년세대의 공통 경험일지도 모른다. 양극화는 돌이킬 수 없을 만큼 벌어졌고, 헛된 망상을 하느니 지금 사는 곳에서 맘 편히 행복을 찾는 게 나을지도 모른다.

고를 수 있는 선택지도 별로 없다. 사회가 너무 빠르게 변한

다. 코로나라는 파도가 몰아치면, 멀쩡하던 직장도 순식간에 스러진다. 시련은 혼자서 오지 않는다. 그 흔하던 아르바이트 자리조차 구하기 어렵다. '종이배'처럼 둥둥 떠다니며 파도가 몰아치는 곳으로 가서 휘뚜루마뚜루 적응해야 한다. 집값은 천정부지로 치솟는 가운데 월급만으로 안정적인 보금자리를 마련하는 일은 꿈꾸는 것도 사치다. 당장 10년 뒤에 나는 돈을 벌 수 있을지도 불확실하다. 가뜩이나 꿈도 포기하고 좁은 길을 걸어야 하는데 그마저도 출구가 있을지 모르는 동굴이어서, 무기력이 더해지고 만다. 현실의 벽을 현장에서 체감한 청년뿐만 아니라, 20대 초중반의 대학생에게도 마찬가지의 자조가 팽배하다.

상위권 대학에 재학 중인 지원은 잊을 만하면 나타나는 '그사세'(그들이 사는 세상)가 매번 놀라울 뿐이다. 경제적으로 넉넉하지 못한 집안 사정으로, 저학년 때부터 알바와 인턴을 병행하며 자신의 생활비뿐만 아니라 가족 부양까지 감당했다. 지원은 학교 다른 친구들을 바라보면서도 격차를 느꼈지만, 인턴을 하면서 그들이 사는 세상의 경제력 차이를 다시 한 번 실감했다.

— 아빠가 변호사거나 국회의원이거나 유명한 드라마 피디고 어떤 기업 이사고 이런 친구들이 있어. 내가 한번 다큐 감독을 해보고 싶다는 이야기를 했어. 그런 얘기를 하면 "다 해봐, 다 해봐" 조언을 주는데, 문득 현타[현실 자각 타임]가 온 게, 쟤네들은 걱정 없이 할 수 있겠지만 나는 그게 아닌 거야. 나는 맨날 알바하고 과외하고 이러고 있는데, 그 친구들은 그런 거 하나도 할 필요가 없잖아. 경험 삼아 공부도 해보고, 열심

히 살지 않더라도 자기 하고 싶은 걸 두루두루 찾을 수 있는 거지. '친구끼리 구분하지 말아야지' 하지만 속으로 조금씩 그런 생각들을 하게 돼.

내가 인턴으로 일하던 회사 팀 리더가 진짜 돈이 많은 사람이었어. 어느 날 팀원 포함해 셋이서 식사를 하러 갔어. 근데 나한테 메뉴판도 안 보여주고 "이거, 이거 먹을까요?" 해서 시키더니 마지막에 카드 긁는 거 보니까 40만 원이었어. 어쩌다가 그분 인스타를 봤는데 그분 부인 인스타가 있는 거야. 그래서 그 인스타 들어가봤더니 완전 '그사세'야. 일단 집이 반포 자이야. 애기를 키우는데, 젊은 엄마들 모임에서 핼러윈 파티를 하는 예쁜 사진이 올라와. 시어머니와 카톡한 걸 캡처해서 올렸는데, 팀 리더분 집안이 신세계 고객 중에서 제일 높은 그룹, 한 해 동안 제일 많이 샀던 999명에 속하더라고. 이건 진짜 그사세라는 생각이 드는 거지.

나 스스로 약간 부끄러운 마음이 드는 게, 남자친구가 로스쿨에 다니거든. 물론 개랑 결혼할 생각은 당연히 없는데 그냥 이런 사람 만나서 결혼하면 펼쳐질 삶이 너무 잘 그려지는 거 있지. 얘가 됐든 아니든 꽤 괜찮은 자리를 잡고 있는 사람이랑 결혼해서 살면? 인스타를 보면 그런 생각이 가끔 들어.

· 지원

이러한 박탈감은 지역에서 자란 청년들에게서 더 두드러진다. 대전이 고향인 대학생 보영과 울산 출신으로 현재 시민단체에서 일하는 경미는 이런 얘기를 했다.

— 우리 부모님이 고졸이시거든. 아버지는 작년에 퇴직하셨고, 엄마는 경력단절 여성이라 계속 임시직으로만 일하고 계셔. 그래서 대학교 입학하고 나서 쓸 수 있는 돈은 부모님에게서 조금 받고 나머지는 전부 알바였어. 나도 처음에는 '우리 집에 돈이 더 많았다면 내가 하고 싶은 일을 더 할 수 있지 않았을까' 하는 생각이 들었어. 매일같이 알바하지 않고 공부도 하고. 대학원이나 고시 준비하는 친구들이 주변에 많으니깐.

· 보영

— 부의 대물림, 빈곤의 대물림이 큰 것 같고, 어떤 순간의 선택 같은 게 너무 많이 일생을 결정해버리는 것 같더라고. 학자금 대출을 했던 나를 등록금을 그냥 내는 친구랑 비교하면, 이자 합치니까 대출받은 게 꽤 되니 차이가 어마어마해. 내가 대출금을 바로 갚을 수가 없으니까 일을 해서 갚아야겠는데 알바로 도저히 채울 수가 없을 것 같은 거야. 내가 어떤 다른 선택을 하고 싶어도 할 수 없고, 당장 취직을 해야 하지. 내 미래를 내가 기획할 수 없게 되는 상황에 놓이더라고. 사람이 자기가 가지고 있는 역량을 자유롭게 펼치면서 살아갈 수 있는 기회가 주어져야 하는데, 그게 경제적인 이유로 많이 제약이 돼가는 느낌.

· 경미

보영과 경미의 이야기는 우리 주변에서 들을 수 있는 너무나 흔한 스토리이다. 20대 초반에 친한 친구 세 명과 나누었던 술자리 대화가 떠오른다. 어떤 친구는 MICE 산업에 애정을 가지고 기획자를 꿈꾸었고, 어떤 친구는 여행을 콘텐츠로 창업을 준비했고, 어떤 친구는 NGO에서 좋은 일을 하고 싶어했다. 하지만 세 친구는 현재 공무원이 되었거나 생각지도 않았던 회사에 들어가 야근을 하고 있다. 이유는 비슷비슷하다. 대통령이 되겠다는 것도 아니고 누가 봐도 어려운 꿈이 아니었지만, 본인들이 가진 자산만으로는 부모님을 챙기지도 가정을 꾸리기도 어려웠기 때문이다. 지금은 우리가 다시 만나더라도 더 이상 10년 전의 상상을 이야기하지는 않는다. 오히려 삶의 불안을 최소화하기 위한 주식, 대출, 연봉 등의 자구책을 공유하는 데 집중한다.

청년들이 양극화와 불평등으로 인한 불안에 잠식당하는 와중에도 사회는 책임을 방기한다. 열심히 일하는 사람이 바보가 되지 않을 사회를 만들겠다는 믿음도, 이대로 살아도 불안하지 않을 것이라는 안심의 시그널도 부재하다. 오히려 우리 사회는 '그사세'로 넘어갈 수 있다는 환상을 주고 있다. 미디어는 비트코인으로 인생 역전한 사람을 조명하고, 정치와 제도는 부동산으로 한탕 벌 수 있는 방법을 찾아주고 있다.

하지만 내심 모두가 알고 있는 불편한 진실은, 한탕은 불가능하다는 것이다. 청년들이 부동산 투자를 위해 영끌을 한다고 하지만, 2020년 국토부 자료를 기준으로 수도권에서 청년 가구가 매매한 아파트 거래량은 전체의 3% 남짓이다. 나머지 97%는 청년이 아닌 사람들이 '사고 팔고'를 반복했던 것이다. 20대의 부채비율은 2년 만에 47.7%에서 72.1%로 수직 상승했지만, 대부분 생활과 직접적으로 연결된 '진짜' 영끌이었다. 부동산 영끌은 다른 세계의 이야기였다. 하기야 기본 8억이 넘는 부동산을 영끌이라도 해서 살 수 있는 청년이 애초에 몇 명이나 있었을지 안 봐도 비디오였다.

— 빨려 들어가는 것 같아. 판타지 같은 것이 있어. '아메리칸 드림'처럼. 안정을 위해서는 집을 꼭 사야 하는 거지. 그런데 나는 목돈이 없기 때문에 정책의 대상이 못 되는데도, 마치 집을 살 수 있다는 생각이 들어. 주변에서도 많은 사람들이 빨려 들어가.
그 결과는 엉뚱하게 논의가 수렴되어서 나오는 거지. 이 표현이 조심스러울 수 있는데, 자산도 특별히 모으지 못했고 이제 막 2백 조금 넘게 버는 친구들도 정부가 대출 규제를 해서 집을 못 산다고 이야기하더라고. 오히려 대기업 다니는 친구들이면 반박을 하겠는데, 그렇지 않은 친구들에게는 어떻게 설명해야 할지 어렵더라고. 헤게모니가 있다는 느낌을 받았어.

· 윤아

대기업을 퇴사한 윤아는 사회가 청년들에게 보내는 자극적인 시그널에 지쳐가고 있다. 그것은 10억짜리 집이 어느새 20억이 되었다는 신기루를 청년들이 끊임없이 욕망하게끔 만든다. 어쩌면 마약보다 무서울 수도 있다. 2년, 4년마다 전월세 가격이 폭등할 것을 걱정하고 임대인의 갑질을 감내하며 살아가는 80%의 청년들에게, 안전망을 제공하기보다는 자극적인 성공담을 통해 소수만 살아남는 길로 안내한다. 20년 전 '부자 되세요'라는 광고 카피에 열광했지만, 결국 용산참사와 같은 비극으로 돌아온 역사의 상흔이 아직 남아 있는데도 말이다.

우리가 바라보아야 하는 세상은 저쪽이 아니다. 그들이 사는 세상으로는 갈 수 없다. 종이배를 타고 있는 사람에게, 파도를 헤쳐나가면 낙원의 섬이 기다리고 있다고 말하진 말자. 바다에서 파도가 치는 것이야 어쩔 수 없다면 종이배가 아니라 조금은 튼튼하고 안전한 배에 탈 수라도 있으면 된다.

넘을 수 없는 대학의 벽

수능 수리영역 시간이었던 것 같다. 문제를 도저히 풀 수 없어서 1분 정도 남았을 때 펜대를 굴려서 정답을 찍었다. 그리고 그 문제를 맞혔다. 고작 그것 하나 때문에, 선택할 수 있는 대학 개수가 확연히 달라졌다. 평가하고자 하는 수학 능력이 나의 샤프펜슬 굴리는 실력이 아니었다면, 말 그대로 '운'에 의해 진학할 대학을 선택받은 셈이었다. 허무하고 괴상했다. 시험 성적 말고 다른 공정한 기준을 마련하자는 거창한 생각까진 아니었다. 다만 선생님과 어른들이 그렇게 중요하게 생각하는 대학이란 게 정말 보잘것없이 구분된다는 것을 체감했을 뿐이다.

고등학교 내내 남들이 그렇듯 사회의 기준을 충실히 따랐다. 당시 다른 선택지는 없었다. 격려 혹은 최면에 가까운 응원을 받으며, 나의 가치에 걸맞은 대학을 진학해야만 역설적으로 나의 가치가 대학에 걸맞아진다고 은연중 생각해왔는지 모른다. 중산

충이었던 부모님의 적절한 지원을 받으며 공부할 수 있었고, 너무나 당연히 부모님이 언급한 대학만을 선택지 내에서 고민했다. 끝내 다른 친구들과 마찬가지로 소위 성적에 맞춰 대학과 학과를 선택했다.

여느 전공이 그렇듯 아무래도 학문에 관심이 있는 사람보다 나같이 점수에 맞춰 온 사람이 압도적으로 많았다. 입시 결과 점수가 더 높고 취업이 더 잘되는 학과로 전과해서 낮은 자존감을 회복할 수 있을지 내심 고민하는 친구들이 적지 않았다. 한편, 열등감의 반작용으로 우월감을 뽐내는 데에도 거침이 없었다. 대학 이름을 통한 보상과 다른 대학과의 서열상 우위를 부각하고 싶은 욕구가 자연스럽게 공유되었다.

모든 게 불안한 상황에서 사회적 자원을 더 갖추고자 위로 올라가는 노력을 지속하는 것은 충분히 합리적이다. 다만 대학 이름을 다르게 만든 그 최초 기준이 보잘것없다는 사실을 서로가 알고 있다. 심지어, 부모의 재력과 뜻밖의 행운이 작용해 자신만의 성과가 아님도 잘 알고 있다. 《조선비즈》 2020년 기사에 따르면, 부모가 대졸이고 사무직에 종사할수록 자녀가 서울 4년제 대학에 합격할 확률이 높으며, 그 격차는 30대(1977~1986년생)보다 20대(1987~1996년생)가 더 심해졌다고 보도했지만, 새삼스럽지도 않다.

하지만 타인을 대할 때 대학 이름을 따지는 것은 합리와 공정으로 묵인되곤 했다. 그렇다고 이 기만적인 행태가 우리만의 문제라는 것은 아니다. 당연히 대학 말고는 아무 목표도 알려주지 않은 사회가 원초적 문제이긴 하다.

— 제가 좋은 대학을 나오지는 않았잖아요. 이제 갈 수 있는 회사가 정해졌다고 생각해요. 대학은 요즘 안 보고 뽑는다지만, 다 네트워크로 연결되고 도움받기 때문에 차원이 달라요. 취업을 준비할 때, 내가 어떤 회사에 지원서를 넣을 수 있는지. 문제라기보다는 '들어갈 수 있는 곳이 정해진 것이구나' 받아들였죠. 심각하게 생각하지는 않아요.   •예은

— 다른 이유는 없고, 돈이 없어서 대학을 아예 못 간 거지. 빨간 딱지가 붙냐 마냐 하는 얘기가 있던 상황이니깐. 세상이 억울하거나 원망스럽지는 않았던 것 같아. 그냥 내일 어떻게 될지 모르니깐 그런 생각이 안 들었던 것 같기도 해.

그래도 대학 진학을 안 했다는 것이, 입사할 때든 일상에서든 차별로 다가올 때가 많아. 사람들이 할 말 없으면 "어디 대학 나왔어?"라는 질문을 하거든. 취업할 때 왜 떨어졌는지는 알수는 없지만, 그런 이유가 있지 않았을까?   •선규

— 아무래도 그저 그런 학벌인 제가 학벌 좋은 사람들과 같은 기준선에 들어가 있지 않겠죠. 한국사회에서는 아직까지 학교가 차지하는 비중이 크니까. 애초에 제 입장에서는 불공평하다고 느껴지기는 해요.

제가 놀란 것은, 인턴들끼리 송년회를 했는데 학교별로 동문회가 있다는 거예요. 어디에 가든 언론을 상대하고 비투비(BtoB)사업을 하잖아요. 다들 동문회가 있는데 저희 학교만 없는 거예요. 그런 데서 느끼는 일종의 소외감. 아무래도 여

기 일이라는 게 내가 속한 팀만 하는 게 아니라 연락을 주고받으면서 협력해가는 일인데, 그런 것에서 조금 아쉬워요. 동문회가 나쁘다는 게 전혀 아니고요. 아무래도 인간사회에서 어쩔 수 없는 정보 격차가 벌어질 수밖에 없다는 생각이 들더라고요. 저희 회사뿐만 아니라 어디나 다 마찬가지라고 생각해요.

• 익준

10년 전, 20년 전과 크게 다르지 않은 세 청년의 서사이다. 예은은 고등학생 때부터 온라인 쇼핑몰 사이트를 높은 수익률로 운영해내며 남들이 정해준 길만 좇지 않고 꿈을 실현해왔다. 하지만 개인이 운영하는 쇼핑몰은 경쟁에서 살아남기 어려웠고, 결국 사업을 정리하고 비슷한 분야로 나아가려고 하니, 대학의 문턱에 막혀 그 좋은 경험을 가지고도 진입할 수 있는 회사가 없었다. 대학을 가지 않은 선규도 청년기업이 아닌 이상 취업시장에서 비진학 사실이 가장 큰 걸림돌이었다고 회고한다. 서울에 있는 4년제 대학까지 나온 익준 또한 메이저가 아니란 이유로 학벌 네트워크에서 배제되는 경험이 적지 않았다고 한다. 여전히 청년들은 자신의 삶이 다른 능력보다도 대학 타이틀로만 평가받는 억압과 차별의 순간에서 자유롭지 못하다.

웹툰과 드라마로 인기를 끌었던 〈이태원 클라쓰〉에서 주인공 박새로이는 사이다 캐릭터로 유명했다. 그는 작품에서 "내 가치를 네가 정하지 마. 내 인생은 이제부터 시작이거든"이라고 말한다. 세상 쿨한 발언에 독자들은 대리만족하면서도, 현실은 매우 소수의 이야기라는 것을 모두가 안다. 보통의 사람은 쉽게 넘기 힘든 사차원의 벽이 거대하게 자리 잡고 있다. 보통의 현실은 정규직과 비정규직 트랙으로 달라지고, 임금과 승진 체계에서도 확연히 갈린다. 혹자는 편입도 있고 수능을 다시 볼 수도 있지 않냐고 하지만, 그것도 모두가 알다시피 누군가의 지원이 없으면 쉽게 마음먹을 수 없다.

10년 전엔, 10년 뒤 학교가 무의미해질 것이라고 예언하는 사람들이 있었다. 애석하게도 대학은 여전히 굳건하다. 지금의 청년에게도 대학은 지난 시간과 똑같은 무게로 다가오고 있다. 노동시장은 더 불안해지고 양극화되는 가운데, 대학에 대한 카르텔은 지금의 여러 상황을 이용하면서 여전히 건재하게 남아 있다. 한국고용정보원에 따르면, 대학 졸업생의 대학 간 월평균 초임의 차이는 매우 컸다. 상위 대학 10곳이 269만 원이라면, 수도권 4년제 대학은 208만 원, 지방 4년제 대학은 196만 원순으로 급격히 낮아졌다. 전문직이나 대기업에서 일하는 명문대 졸업생들의 일터와 그렇지 못한 사람들의 일터가 확연히 나눠진다는 공공연한 사실을, 청년이라면 누구나 알고 있다. 일자리의 존재 여부와 자산의 증식 속도가 어떻게 될지 모르는 오늘날, 어쩌면 심리적인 측면에서는 대학 타이틀이 주는 안정감이 과거보다 훨씬 더 클 수도 있다.

물론 지금 당장 구조를 뒤집을 수는 없다. 그래도 이런 구분이 정상적이지 않다면, 인식 차원에서부터 다르게 보기 시작할 수는 있지 않을까? 시험 문제 몇 개로 인생의 선택지를 다르게 하기에는 사람들 각자가 너무 아깝다. 조금 더 다양하게 사람들을 만나고 싶다. 부모의 지원 능력, 그로 인한 시험 성적으로 구분된 대학의 틀보다는 서로의 다채롭고 매력적인 특징을 찾아내고 나누는 관계가 훨씬 더 재밌을 테다.

서울로 가야만 하나요

고등학교 시절을 충청남도 논산에서 보냈다. 의정부에서 태어나 상당 기간을 살았지만, 수도권이었기 때문에 '서울'이라는 지역에 대한 괴리감은 없었다. 하지만 논산에서의 3년은 달랐다. 시간이 흘러가는 속도가 서울과는 다른 느낌이었다. 인터넷이 발전했다지만 한계는 명확했다. 문화생활을 하기 어려운 것은 두말할 나위가 없었다. 좋아하는 래퍼의 홍대 공연을 보러 가는 것은 언감생심. 새롭게 바뀌는 트렌디한 곡들은 대중가요 수준으로 유명해진 뒤에야 인지할 수 있었다. 물론 뒤처졌다는 사실도 대학에 와서야 알았다.

　문화도 문화인데, 보편적인 인권의 영역도 서울만의 이야기였다. 같은 시기에 서울에서 고등학교를 다녔던 친구들은 지역 사회나 학교의 폭력을 경험하지 않은 경우가 많았다. 반면 나의 경우, 언제든 다양한 방식으로 폭력적인 상황이 전개될 수 있다는 위협 앞에서 사회·경제·문화의 현장에 참여하기 어려웠다. 2008년, 서울에서는 정부의 비민주적인 행태에 반대하며 촛불집회가 크게 열렸다. 하지만 내가 있던 공간은 찬반에 상관없이 너무나 조용했다. 지역에 거주하던 3년 남짓의 기억 중 대부분이 궁금증을 삭히고, 욕구를 누르고, 말하고 싶은 것을 참아야 했던 아쉬움으로 채워져 있다.

서울이 아닌 지역과의 인연은 대학에서도 이어졌다. 농활(농민학생연대활동) 기획에 적극적으로 참여하면서, 매해 30일 이상은 농활 지역에 있었다. 공교롭게도 당시 농활 지역이 논산 옆 동네인 익산이었다. 고등학교 때와 달리, 서울만큼 과도하게 빠르지 않고 숨을 쉴 수 있는 여유를 주는 이 지역에 대한 애정이 늘었다. 하나둘 동네를 떠나는 사람들을 보면서, 떠나는 마음이 공감되는 한편 내가 인연을 맺은 지역이 그냥 방치되는 모습이 안타깝기도 했다.

대학을 졸업한 후엔 전주에서 사업을 추진하며 지역과의 연을 이어갔다. 나는 비영리주택을 공급하고 주거 커뮤니티를 운영하는 사회적기업을 운영하고 있었고, 우리 단체가 서울의 모델을 지역에 이식하는 작업을 맡게 되었는데, 그 후보지가 전주였던 것이다. 덕분에 전주가 더 활력을 얻길 바라는 전주의 기획가들을 만날 수 있었다. 선미 역시 전주의 에너지 넘치는 기획가 중한 명이었다. 전주에서 보낸 2년 반의 시간 동안, 나는 논산에서의 아쉬움을 보상받고 싶어서였는지, 선미를 도와 전주의 새로운 모델을 만들기 위해 열심히 노력했다.

하지만 도시 소멸의 문제는 눈앞에 닥친 현실이었다. 지역에서 선미와 함께 이것저것 할 수 있는 것은 모두 해보려 하지만, 에스컬레이터를 반대 방향으로 타는 것처럼 도저히 올라가질 못했다. 국토교통부 통계에 따르면, 21세기가 시작되는 2000년만 하더라도 비수도권에 거주하는 청년은 52.1%로 절반이 넘었지만, 2021년에는 수치가 절반 아래로 급격히 떨어지며 46.5%의 청년만이 비수도권 지역에 거주 중이다. 전라북도와 같이 대도시가 없는 지역의 유출 인구 중 무려 70%가 청년이라고 한다.

지역 불균형이 심화되고 청년은 비수도권 지역을 떠나는 가운데, 일생의 대부분을 수도권에서 보낸 내가 지역에 대해 감히 왈가왈부하는 것이 적절하지 않을 수 있다. 오히려 희망을 놓지 않고 도시의 지속 가능성을 위해 노력하는 사람의 이야기에 집중해야 한다. 따라서 지금부터는 선미의 이야기를 그대로 옮기려고 한다. 물론 선미 역시 서울을 제외한 모든 지역의 청년을 대변할 수 없겠지만, 전주에서 태어나서 초·중·고·대학교를 졸업하고 직장생활도 하다가 창업까지 한 그에게서 간접적으로 느낄 수 있는 대다수 청년의 문제가 분명 있을 것이라고 확신한다.

— 지역은 청년과 기성세대의 격차가 훨씬 더 커. 청년의 인식 수준하고 다른 세대의 인식 수준이 너무 많이 차이가 난다는 거야. 사실 서울에 살든 지방에 살든 이제는 콘텐츠의 차이는 없잖아. 우리도 유튜브로 정보를 구하고 영화도 넷플릭스로 보고 하니까. 우리도 트렌드를 다 알아. 그래서 좋은 일자리의 기준이 무엇인지 다 아는데, 지역에서 내미는 일자리나 기회들은 대체로 수준이 낮아.

그런데 기성세대들은 '서울은 실업률도 높고, 전주에서는 이렇게 일자리를 제공해주는데 청년들이 왜 안 와?'라는 관점으로 본다니깐. 우리도 다리 뻗을 자리는 보는데 일자리 수준이 서울과 비교했을 때 차이가 많이 나지. 물론 지역 청년일수록 시야가 좁은 부분들이 있긴 해. 시야가 넓으면 서울 청년들처럼 기성세대와 얽히지 않고도 다양한 것들을 생각할 수 있는데, 시야가 좁을수록 '일자리 수준은 저급하니 공무원 외에는 다른 길이 없어', '대기업 외에는 다른 길이 없어', '지역의 중소기업 들어가면 다 죽는다' 이러면서 서울로 올라가게 되지. 물론 근본적으로는 지역의 자원을 가진 사람들이 좀 더 청년의 관점으로, 여건을 맞춰주는 변화가 필요하다고 생각해.

지역에서 남는 친구들도 경로는 매우 단순해. 친구들 여럿이 군산공고를 졸업했어. 그 친구들은 갈 수 있는 데, 최적의 일자리가 군산 세아베스틸이나 현대자동차 그런 데 정직원 가는 거 말고 그 이상은 없어. 그중에서 학력이나 준비 정도에 따라 거기 하청의 하청의 하청기업에 들어가는 거야. 길이 이미 정해져버린 거지.

• 선미

선미는 지역 일자리의 질에 대한 문제의식이 높았다. 기본적으로 매력적이지 않은 것이 가장 큰 문제다. 시대의 변화에 따라 좋은 일자리의 기준이 달라지기도 했거니와, 지역의 자원은 과거의 시간에 갇혀 있기 때문에 이왕 한 번 사는 인생이니 뭐라도 도전하고 싶으면 상경을 고민하게 된다고 한다. 또한 자원이 적절히 분배되지 않는 점도 문제로 지적하고 있다.

— 지역 소멸이 얼마나 쓸데없는 논쟁인지 알아? 행정의 자원을 그나마 지역에 남아 있는 청년이나 다음 세대까지 나누는 것에 대한 고민을 해야지. 외부의 자원을 어떻게 끌어올지, 정말 되도 않는 얘기를 하는 거야. 의견을 내도 어차피 열심히 할 것도 아니고. 이런 관행 자체가 사라져야 해.
그렇게 보면 행정이나 기성세대들이 지역에서 적어도 청년을 위해 할 것은 분명해. 그들이 가진 자원을 배분하는 거지. 돈이 그렇게 많이 풀리는데, 그런 것은 안 하고 오히려 '조만간 전라북도는 대기업 유치한다'라는 공수표만 날려. 이런 말은 할 필요가 없다는 거지. 본인이 가진 자원으로 어떻게 같이 생존하고 연대할지를 고민해야 된다는 거야. • 선미

선미는 열악한 상황에서도 여러 차원으로 새로운 기획을 시도했지만, 맨땅에 헤딩하는 듯한 어려움이 너무나 많았다. 서울에는 즐비한 선구자들을 지역에서는 한 명도 찾기가 어려웠다. 심지어 함께할 동료는 부족한데, 비전을 공유하기 어려운 선배들만 많았다. 결국 확신과 자신감을 가지기 어려운 상황에 봉착했다고 한다.

— 전에 부산에서 활동을 하다가 거제도로 이사 가신 분이 있었는데, 사회적기업으로 유명한 분이었어. 그분이 동료들을 데리고 정든 부산을 떠나 거제도로 갔던 이유가 안타까워. 부

산에서 오랫동안 활동했지만, 오히려 어릴 적부터 일했기 때문에 그의 수준과 역할을 높게 쳐주는 사람이 아무도 없더래. 그래서 결국 자기 사람들을 데리고 단체로 거제도로 이사를 간 거지.

그런데 전주도 마찬가지야. 나는 이제 독립적으로 사업도 꾸리고 있잖아. 그런데도 ○○에서 일정이 있으면 아직도 식사할 때 본부장님 물을 나보고 따르래. 너무 어이가 없는 거야. 본부장님은 나를 아니까, 옛날에 내가 막내 직원이었으니까 '선미한테 가서 주문해라' 이러는 거야. 당황스럽지. 물론 그 정도야 할 수 있는 일이지만, '이 상황은 뭐지?'라는 생각이 들어.

또한 시스템을 설계했어도 결국 유통이 되지 않아. 아무리 좋은 아이템이어도 지역에서는 인재도 자본도 한정적이니깐, 아이템을 내도 커지는 일이 거의 없어. 지역은 특히나 남성이 훨씬 많은 비율을 차지하고, 내 앞 사례라고 할 수 있는 여성 롤모델도 없고, 할 수 있는 길도 안 보이고. 결국에는 '그냥 할 수 있는 게 없네?'라는 생각을 많이 했지. 그래서 포기하고 더 배우러 학원을 다니든가 다른 경험을 해보자고 생각했어.

• 선미

결국 선미는 서울로 많은 동료를 떠나보냈다. 하지만 서울에서 들려오는 그들의 소식은 결코 녹록하지 않았다. 우선 터전을 옮긴다는 것 자체가 서울에서 출발한 사람보다 큰 짐을 하나 업고 시작하는 것이기 때문이다.

— 대학 때문에 올라가는 친구는 한 달 안에 방을 구해야 했고, 일자리가 결정된 친구는 일주일 뒤에 출근해야 해서 집을 구할 여유가 없었어. 진짜 나쁜 집에서 시작을 했지. 그런데 거기서 나아지느냐? 대부분 그렇지 않은 거야. 서울은 보증금부터 비싸잖아. 결국 서울 드림(dream)은 얼마나 여유가 있느냐 없느냐의 차이에 따라 달라지는 거지.

서울 청년들은 시작부터가 여유가 있다고 생각해. 집이 어느 정도 안정적이라는 것은, 일자리에서 나쁜 곳부터 시작해 좋은 곳까지 다 쩔러보면서 기다릴 수 있는 기간이 생기는 거야. 이게 여유지. 전주에서 올라가면, 우선 집을 구하기 위해 게스트하우스를 전전해야 하잖아. 매일같이 월세가 나가는데 일자리를 찾는 데 여유로울 수 없다는 거야. '지금 되는 데부터 들어가보자' 하고 생각하는 거지. 그렇게 처음 되는 곳에 취직해서 일을 시작하는데 바로 갈려나가. 맨날 야근해. 그러면 언제 또 좋은 집을 알아봐? 한 친구는 여섯 달 만에 시간이 나서 집을 보러 갔대. 심지어 하루를 온종일 쓰지 않으면 본인한테 맞는 집을 구할 수가 없더래.

나랑 같이 이것저것 기획하다가 만족하지 못하고 서울에 간 청년들이 많은데, 그랬을 때 '서울에서는 사람들이 참 갈리는구나'라는 생각을 많이 해. 물론 서울 가면 그냥 걸어다니면서도 분명 인사이트가 생긴다는 얘기를 많이 해. 트렌드가 굉장히 빠른 부분은 좋다고 생각하지만 '여기가 내 자리인가보다'라는 생각은 안 하더라고. 무언가 도전할 수 있다고 기대하기보다는 소모되기만 하지. 결국 서울까지 가서 공기업

같은 곳을 들어가려고 NCS를 준비하더라.   • 선미

출생지에 따라 출발선이 달라진다. 고향에 남든 서울로 가든 마주해야 하는 장벽은 너무나 높다. 지역 불균형의 문제는 단순히 지역 경제가 활성화되었는지를 넘어선다. 어떤 선택도 하기어려운 생태계가 이들에게는 당연한 것이다. 그러면서도 서울의불합리한 모습은 쉽게 전이되기도 한다.

— 전주에서도 새롭게 도전하는 사람에게 자원이 모이는 것이아니라, 자원은 결국 부동산으로 흘러 들어가. '부동산이든뭐든 막차 타야 된다' 이런 얘기가 익숙하지. 처음에는 그 얘기를 들었을 때 뭐라도 설득하고 싶었지만, 지금은 더 이상반박하지 않아. 서울에서 집값 올라가는 것, 부동산 문제가비이성적이라고 비판하는데, 저기가 그렇게 되면 전주도 똑같이 되고 말아. 어느 도시의 한 사례가 아니라 서울이고, 서울은 한국에서의 기준이기도 하니까 전주도 분명 따라올 거지. 결국 서울이 안정화되었으면 좋겠다는 바람을 전주에서도 마찬가지로 품게 되는 거야.   • 선미

선미의 이야기가 너무 지엽적이라고 생각할 수도 있지만, 충분히 일반화될 수 있는 시사점이 적지 않았다. 부산에서 자란 윤아와 강원도 울진에서 신혼 생활을 보내고 있는 예진의 상황도크게 다르지 않았다.

— 일자리가 없는 것, 지역에 기회가 없는 것이 가장 큰 문제야. 친구 한 명은 전문대에 들어갔다가 자퇴를 했어. 그러니 갈 수 있는 선택지가 콜센터밖에 없었다고 해. 선택지 자체가 없어진 거야. 심지어 서울에 살지 않으면 더 큰 문제가 생기지. 나는 고향에서 2백만 원만 받아도 충분히 살 수 있다고 생각해. 그런데 그런 직장 자체가 없는 거야. 결국 서울로 올라와서 비싼 원룸을 구해야만 하는 상황에 놓이지. 내 동생만 하더라도 그래. 계속 꼬이기 시작하더라고. • 윤아

— 우리 지역에서 가뭄에 콩 나듯이 나와 관련된 일자리가 하나 뜬 거야. 전공과 관련된 기술을 활용해 관리 업무를 하는 게 주인 줄 알고 들어갔는데 그게 아니었어. 거기에 높은 분이 오기 전에 책상을 닦아야 하고, 차를 내줘야 해. 농산물이 들어오면 관리를 하는 게 아니라 그걸 깎아서 대접해야 하는 거야. 그런데 그런 것들을 차치하고 가장 충격받았던 것 중 하나가, 딸기 꼭지를 따라고 하시네. 그게 진짜 별일 아닌데, 기분이 좋지는 않아. 왜냐하면 나는 시댁에서도 안 하거든. 솔직히 꼭지는 딸기 그냥 먹고 나면 뜯어버리는 거잖아. 그런 식으로 뭔가 서울이었으면 없었을 일들이 계속 있었어. 여기에 정규직인 또래들이 있었는데, 나만 그런 걸 느낀 게 아니었던지, 이런 이유 때문에 다시 공부해서 큰 지역으로 전입을 하려는 거야. • 예진

분명 현실적인 여건은 좋지 못하다. 서울만이 답인 것처럼 느

껴진다. 특히 사람을 놓치고 있다. 결국 사업이든 활동이든 사람이 하는 것이다. 사람에게 신뢰와 희망을 주지 않으면, 그 공간은 언젠가는 정말 소멸될 수 있다. 어려운 상황 속에서도 다행히 전주의 청년 기획가들은 지속적으로 대안을 모색해나가고 있다. 비단 전주가 아니더라도 전국 곳곳에는 비슷한 청년들이 많다. 우리 사회가 청년의 여러 모습을 들여다보고 싶다면, 지역의 가능성을 포기하지 않고 끈질기게 변화를 만들어나가는 선미의 이야기를 결코 놓쳐서는 안 된다.

— 지역에 남는 이유? 서울에서 벤처기업에도 들어가봤는데, 과도한 경쟁 속에서 내가 굳이 살아남아야 할 이유를 모르겠더라고. 지역도 분명 자원이 없기는 하지만, 완전히 새로운 시작을 해보기에는 가능성이 있다고 생각해. 주체적으로 뭔가 해보고 싶었어. 아이디어를 내고 이런 거를 많이 해봤으니까 주체적으로 일을 해보고 싶은 마음이 컸고, 그랬을 때 행복하더라고. 실제로 출범하기에는 서울보다 전주가 더 쉬워. 물론 지속에는 한계를 느껴서 다들 떠나는 거지만. 아직 나는 시작 단계이고 더 부딪혀보고 더 판을 벌여보려고. 내가 여기서 지속 가능할 수 있으면 누가 오든 지속 가능할 수 있을 것 같아. 그래서 실험해보는 것도 있지.

• 선미

위협과 차별은 분명히 있습니다

살다 보면 외면하고 있는 문제들이 너무나 많다. 당연한 얘기이다. 슈퍼맨처럼 영웅적 능력이 있지도 않고 대통령처럼 막강한 권한이 있는 것도 아니기에, 세상의 모든 문제를 고민하고 해결할 수는 없다. 특히 일상에서 공기처럼 벌어지는 문제일수록 훨씬 더 외면하기 쉽다. 불평등한 구조에서 만연해진 차별과 위협 이슈를 건드리면, 가까운 사람들의 저항까지도 목도해야 한다. 차라리 새로운 정책을 제안하는 과업이면 지지하는 사람들을 모아 투표를 해서 바꿀 수 있다는 가능성이라도 있지만, 문화나 사회적 습관에 묻어 있는 폭력과 차별을 해결하기 위해선 어디서부터 어떻게 접근해야 할지 감조차 오지 않는다. SNS에 세태를 비판하는 글 정도야 올릴 수 있지만, 행동은 하지 않으면서 말만 그럴싸하게 하는 나의 비겁함이 부끄러워질 뿐이다.

가장 쉬운 선택지는 그저 조심스럽게 행동하는 것이다. '문제는 해결하지 못하더라도, 나는 그러지 말아야지'라는 소극적인 원칙으로 합리화한다. 스스로에겐 쉽지만은 않은 실천이지만, 내세워 자랑하기엔 궁색할 수밖에 없다.

그러는 사이 N번방, 각계각층에서 쏟아진 미투, 광역지방자치단체장의 연이은 권력형 성폭력 사건, 각종 혐오 범죄까지, 상상할 수 없는 수준으로 문제가 곪아서 터져나오고 있었다. 하루가 멀다 하고 약자를 향한 폭력과 범죄 사건이 뉴스를 도배한다. 문제의 시작점도 해결책도 명확하지 않다는 이유만으로 방관해온 나는, 결과적으로 가장 가까이에 있던 사람들의 위협과 차별의 문제조차도 외면하는 사람이 되고 있었다.

— 솔직히 인터넷에서 떠도는 이슈, 서울시장 보궐선거의 상황들, 뉴스에 나오는 성범죄 이런 것들을 보면서 좀 무섭더라고. 이 사람들과 내가 살아갈 지구를 공유해야 되는 거잖아. 이들과 어떻게 세상을 같이 살아가지? 무서워지더라고.

• 지원

— 시간이 갈수록 이제 이야기가 통하는 사람들만 만나야겠다는 생각이 확고해져. 그러지 않으려고 스스로 경계하고, 편견을 가지지 않고 다양한 사람들을 만나려 노력하고 있기는 한데, 그로부터 오는 긍정적인 영향보다는 시간이 갈수록 이야기가 안 통할 것 같은 경험이 더 많다 보니까 좀 두려워. 누군가 폭력적인 이야기를 했을 때, 이건 잘못된 것이라고 이야기하기보다는 자꾸 침묵하게 되는 거야. 그냥 불편한 누군가가

되고 싶지 않아. 뭔가 그런 두려움, 그게 있어.　　　•미래

— 제가 글쓰기 모임을 다니는데요. 요즘 서울시장 보궐선거 이야기가 이슈니깐 그거에 관해 썼어요. 내 생각을 쓰는 거니까 남성 사회에 대한 내용도 있었고요. 쓸 때는 확 썼는데, 쓰고 나서 계속 눈치를 보게 되는 거예요. 표현을 수정하게 되는 거죠. 전에도 이 모임에서 비슷한 얘기를 했을 때 약간 분위기가 그랬거든요. 이야기를 꺼내다 멈추게 되고, 가만히 있게 되는 거예요. '신중해야겠다.' 이런 생각을 계속하면서.　　•은재

지원, 미래, 은재의 이야기에는 공통적으로 묻어나는 바람이 있다. 자신이 만나는 사람들은 성폭력, 차별, 혐오에서 벗어나 있길 바란다. 많은 이들은, 그중에서도 여성들은 특히 불합리한 차별과 실제적 공포들을 자주 마주한다. 학교나 직장에서, 택시나 퇴근길에, 공부하러 간 스터디에서, 산책하러 간 공원에서, 10년 지기 친구로부터 혹은 평생을 함께한 가족으로부터. 일상이 이렇다 보니 상대방에게 신뢰를 보내는 일이 마음만큼 쉽지 않다. 세 명의 친구 모두 나와 비슷한 시기에 태어나 같은 사회에서 살아왔다. 하지만 삶에 영향을 끼치는 위협이나 억압의 경험은 상이하다. 좁혀질 수 없는 경험의 간극은 자연스럽게 집단의 구분으로 이어진다. 같은 노동자임에도 대기업 노동자와 하청업체 비정규직 노동자가 서로를 동일시하기 쉽지 않듯, 같은 청년이라 할지라도 여성 청년들은 스스로를 남성 청년들과 같은 범주 내에서 정체화하지 않는 경향이 두드러진다.

은재의 경우 청년이라는 정체성보다도 여성으로서의 정체성을 더 크게 가지고 있었다.

— 저희 부모님은 세대가 386이에요. 진짜 두 분이 되게 비슷한 부분이 많아요. 그런데 나는 젠더 이슈 관련해서 아버지, 남동생이랑 다 트러블이 있으니까, 오히려 또래인 동생보다도 엄마랑 동질감을 느끼게 되더라고요. 실제로 엄마가 내 말에 동의를 해주거나 공감을 해주는 경우가 많고 그렇죠. 같은 세대인 동생은 공감보다는 이해를 바라야만 하는 대상인 것이고. 청년이라고 해서 더 가깝게 느껴지거나 같은 소속감이 들지는 않는 것 같아요.

· 은재

은재 역시 같은 공간을 살아가는 사람들이 성별과 관계없이 동질감을 가지고 신뢰를 보내는 공동체를 희망하고 있다. 하지만 안타깝게도 변화보다 혐오의 응집이 더 빠르게 확대 재생산되고 있다. 단적인 예로, 2021년 도쿄 올림픽에서 한 양궁 선수가 숏컷을 했다는 이유로 온라인 학대가 자행된 것을 들 수 있다. 마치 팀 플레이를 하는 수천 명의 게이머들처럼, 온라인 커뮤니티 내에서 '좌표'를 찍고 목표를 공격하기 위한 다양한 전략이 공유되었다. 선수의 과거 SNS 게시글을 편집하여 입맛에 맞게 이용하고, 양궁협회에 금메달을 박탈하라며 전화 공세를 하기도 했다.

같은 시공간을 경험하고 있는 것이 맞는지 매번 의심한다. 한국의 시민사회, 대학 학생사회, 특히 SNS를 중심으로 젠더 이슈의 발전 양상은 선도적이고 급진적이다. 아마 어떤 사람들은 이

글을 보며, 젠더 이슈를 꺼냈으면서 '남성'과 '여성'이라는 이분법적인 이야기만 늘어놓고 있다며 불만스러워할지도 모른다. 반면 여전히 '젠더'가 무엇인지 고민할 시도조차 하지 않는 모임도 흔하게 볼 수 있다. 사용하는 언어와 내재적 의미에 대한 감수성이 극과 극으로 벌어지고 있다.

현실 속엔 같은 세계를 공유하고 싶지 않은 누군가들이 끊임없이 삶을 위협한다. 성폭력 사건사고가 끊임없이 반복되고 있다. 비진학이든, 전문대든, 4년제 대학이든 같은 학력의 여성보다 남성이 좋은 일자리를 얻는 비율이 150%는 높다고 한다. 나를 비롯한 많은 사람들이 방관하고 있던 무수한 시간 동안, 일터와 일상에서 할퀴고 덧나 지워지지 않는 차별과 위협의 경험이 누적되고 있었다.

— 알바할 때 성희롱하는 사장들은 워낙 흔하지. 대응을 하기가 어려워. 나는 알바를 하면서 사장님, 직원들하고 진짜 친하게 지내거든. 근데 이런 상황에서 정색을 하고 말하는 게 진짜 쉽지가 않아. 머릿속으로는 '아, 이게 잘못됐다' 강하게 얘기를 하는 게 맞다고 생각을 하면서도 막상 그 현장에 있으면 그냥 웃으면서 넘어간 적이 거의 대부분이었던 거 같아. ·보영

— 요즘 편의점에서 발생하는 성폭력 사건이 크게 다가와요. 이십대 여자가 살기에는 힘들다는 생각이 커요. 전에 제가 집에 가는데 복도까지 쫓아오는 사람도 있었거든요. 성폭력 범죄자들의 형은 대부분 낮게 나오죠. 이러한 사실들이 저를 불안

하게 만들고 있어요.   • 예은

— 택시 타면 아저씨들이 기분이 너무 안 좋아지게 하는 게 있
  어. 나는 심야영화를 굉장히 좋아하는데도 불구하고 혼자서
  심야영화를 못 보는데, 항상 불안감을 가져야 해. 이런 것에
  서 오는 일상적인 어떤 불안감이 있어.   • 재인

— 여성분이 민원전화를 받으면 책임자를 바꿔달라는 경우가
  매우 많아요. 어느 날은 저 스스로 놀란 건데요. 사무실에 들
  어가면 통상적인 직장이니까 안쪽에 있는 자리가 [직급이] 높
  은 자리고 앞이 낮은 자리에요. 근데 다른 곳에 도장을 받거
  나 빌리러 갈 때 앞쪽에 남자가 있고 뒤쪽에 여자가 있으면
  저도 모르게 여자한테 가요. '아, 나도 성역할에 대한 고정관
  념이 있는 건가?' 깜짝 놀랐어요.   • 익준

  존중을 받지 못하는 세대. 불안을 안고 살아가야 하는 세대.
다양한 수식어로 설명할 수 있는 청년에 대한 이야기 중에서도
유독 여성에게는 보통보다도 더 못한 혹은 너무나 잔혹한 서사가
반복되고 있다. 나 역시 일평생 폭력과 대상화에 대한 위협에서
자유로운 편이었기에, 상상할 수 없는 지점이 더 있을 것이다. 일
상의 문제는 접근하기 어렵기도 하지만, 조금씩 노력하면 그만큼
바뀔 수 있는 영역도 넓다.
  청년의 문제와 젠더의 문제는 무 자르듯이 분리해서 생각할
수 없다. 정치·경제·사회·문화적으로 발생한 권력과 양극화 그

리고 차별이 청년 내의 다양한 정체성에 묻어 있기 때문이다. 집 문제도 심각하고 일자리도 부족하고 미래도 불안하고 모두가 힘든 시대에, 아픔과 분노가 옆과 아래로만 간다면 아무것도 달라지지 않는다. 같이 지구를 공유하며 살아가는 사람들이 서로를 부정하고 지우는 선택을 하지는 않았으면 좋겠다.

마지막으로 기억하고 싶은 사람들이 있다. 혐오는 계속해서 낮은 곳으로 흐른다. 여성에게로 향하고, 아동에게로 향하고, 더욱 소외된 소수자에게로 향한다. 죽음보다 더 견디기 힘든 삶을 버티다가 세상을 떠나고 있는 사람들이, 아픔이 무뎌질 때면 거짓말처럼 다시 나타난다. 이 땅에 태어난 사람이면 누구든, 삶이 죽음보다는 버틸 만한 세상이어야 하지 않을까. 또한 사람이 죽어도 바뀌지 않는 것만큼 끔찍한 세상이진 않아야 하지 않을까.

— 올해 3월쯤에 트랜스젠더 세 명이 돌아가셨잖아요. 충격이 너무나 컸어요. 오늘날 여성과 관련된 정책이 있기는 하잖아요. 되게 미미하지만. 그런데 성소수자 정책은 아예 없으니까. 어쩌면 우리가 '성소수자는 조금 나중으로 미루고 지금 여성을 해야지', '이게 되고 나서 성소수자를 해야지' 하는 게 있었던 것 아닐까요. 사실 성평등 문제나 성소수자 연대, 이런 거 다 중요는 해요. 뭔지 아는데 지금 당장 내 눈에 그렇게 위협이 없거든요. 안온한 환경에 있는 거예요. 그래서 정치적 지형이든 뭐든 은연중에 그런 우선순위를 매겨버린 거죠. 그렇게 세 명이 죽었어요. 너무 미안해요. 죄책감도 너무 커요.

• 은재

6

연결이 필요한
청년들

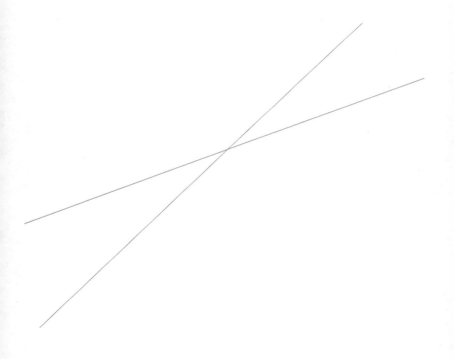

한빛, 동료가 없다

형은 스물여덟 살에 세상을 떠났다. 그때 나는 스물여섯 살이었다. 남들이 취업을 준비하는 시기에, 나는 형의 명예 회복을 위해 대책위를 꾸려 대기업 방송국과 싸우면서 시간을 보냈다. 자의든 타의든 나의 진로는 공익활동가로 귀결되었다. 공익적인 일을 하며 살고 싶은 생각이 있었기에, 딱히 억울하거나 후회되는 마음은 없다. 물론 걱정이 없었다면 거짓말이다. 억대 연봉에 적금도 넣고 주식도 하며 때로는 투기도 하는 사람들이 주변에 심심치 않게 있었다. 공익활동가의 임금이 상대적으로, 절대적으로 생활이 가능한 금액인지 가늠하기 어려웠다. 좋은 일을 하더라도 먹고살긴 해야 하니깐.

막상 일을 시작하니 걱정이 무색했다. 이유는 간단했다. 비슷한 임금을 받으면서도 부족함이 없고 그럭저럭 행복하게 살고 있는 사람들이 주위에 많아졌다. 나름 생활이 가능함을 확인했고,

감정적으로 평안을 얻었다. '혼자만 그렇지 않다는 것'은 단순히 비교우위를 얻었다는 것 혹은 열위에서 벗어나는 것을 뜻하지 않는다. 나의 가치가 존중받을 수 있음을 확인하고, 신념이 세상과 조화될 수 있음을 경험하는 과정이다.

사실 돈 걱정은 인생에서 매우 사소할 수 있다. 나에게 돈은 다른 소중한 가치들을 위해 포기할 수 있는 기회비용으로 유효하다. 오히려 주변에 마음을 나눌 수 있는 사람, 고민을 나눌 수 있는 사람, 내 감수성에 공감해주는 사람, 나를 지지하고 응원해줄 수 있는 사람이 없다면, 그것이 훨씬 더 두려운 일이다.

만약에 삶을 열심히 살아가던 사람들이 되레 죽음을 선택했다면, 그 이유야 물론 다층적이겠지만, 좌절감을 함께 감당해주는 동료가 없었을 가능성이 매우 높다. 이는 단순히 주변에 친구나 가족이 있냐 없냐의 차원이 아니다. 가까운 가족이나 친구일지라도, 맥락과 상황에 대한 충분한 공감대가 없는 제3자가 자신의 고민을 이해하고 해결책을 제시해줄 것이라 기대하긴 어렵다. 나의 신념이 손쉽게 절하되거나, 한때의 치기로 취급받을 위험도 있다. 추억을 매개로 행복했던 시절을 나누기도 하고 푸념을 늘어놓을 수 있는 관계는 그 자체로 소중하다. 하지만 지금 이 순간 자신을 가장 몰아붙이고 있는 거대한 문제를 헤쳐나가기 위해서는, 그 공간에서 함께하고 있는 '동료'가 필요하다.

— 공고한 구조의 부품이 되죠. 제가 사회초년생일 때 공공기관에서 일했는데, 어쩔 수 없이 갑질을 하게 되는 경우들이 생겨요. 예산을 내리는 상황이다 보니깐. 여섯 시 퇴근 전에, 다

섯 시에 기어코 용역을 받은 업체에 전화해서 결과 보고서를 오늘 밤까지 달라고 지시하래요. 너무 무리한 요구이지 않냐고 반문하면, 위에 있는 사람들은 당연하다는 듯이 '우리는 갑으로서 내릴 수 있는 지시를 내린 것이고, 오늘 보고서를 제출하지 못하면 당신들이 일을 못하니깐 당신들의 과실이 되는 거야'라는 말을 꼭 붙이라고 하더라고요. 그게 전혀 아닌 상황인데. 처음에 이러한 갑질을 아무렇지 않게 하라는 요구를 받았을 때, 제가 그런 일까지 해야 되나 싶어서 엄청 울었던 기억이 나요. 저를 지원해줄 수 있는 사람이 아무도 없었기 때문에, 처음에는. • 준영

— 이 문제를 해결할 수 있을지 너무 아득해요. 왜냐하면 내가 속한 회사 하나의 문제가 아니라서, 영원히 바뀌지 않을 것 같은 절망감이 있었을지도 몰라요. 하나 마나 한 상상이지만, '한빛이와 함께 일했던 동료와 리더가 조금 더 나은 사람이었다면'이라는 생각을 계속 하게 돼요. 문제를 공감해주는 사람이 많이 없었을 것 같아요. 외로움이 컸을 거예요. 아마 어디서도 환영받지 못하지 않았을까. 주변 동료나 선배가 방송사의 고질적인 문제에 관심을 가지고, 문제를 해결할 의지를 가지고 있었더라면…. • 슬기

공공기관에서 일했던 준영은 자신의 의지와 상관없이 "어쩔 수 없이 갑질"을 하게 되는 상황에 대해 이야기했다. 하지만 그런 고충에 대해 이야기를 나눌 수 있는 사람은 없고 질책으로 일

관하는 상사만 있었다. 언론사에서 일하는 슬기는 그것을 "영원히 바뀌지 않을 것 같은 절망감"이라고 말했다. 문제가 있다는 것을 모두 알지만 그 누구도 함께 해결하려 하지 않는다. 그리고 이들이 생각하기에, 동료가 없다는 고립감이 형의 좌절감과 통하는 중요한 지점이기도 했다.

동료만이 손을 잡아줄 수 있지만, 역설적이게도 가장 쉽게 외면할 사람 역시 동료이다. 구조, 관행, 문화 등의 거대한 장벽은 구성원 중 고작 한 명에 불과한 개인에게는 당연히 두려운 대상이다. 삶이 송두리째 잘못될 수도 있다는 위협이 동료 혹은 자신과 관련된 문제를 외면하고 도피하게끔 만든다.

노동시장이 복잡해지면서 동료들 간의 이해관계가 복잡해진 것도 상황을 어렵게 한다. 같은 일을 하고 있더라도 누구는 본사에 소속된 정규직이고, 누구는 파견된 사람이고, 누구는 계약직 노동자이다. 같은 사건이 벌어지더라도 후폭풍은 각기 다른 형태로 돌아온다. 비단 노무적인 이슈가 아니더라도, 가구 구성, 부양가족 유무, 젠더, 정치적 이슈 등에 따라서도 삶의 선택지가 다를 수밖에 없다.

OECD에서는 정기적으로 '사회적 지원 네트워크'에 대한 지표를 조사한다. "만약 당신이 곤경에 처했다면, 당신이 도움받기를 원할 때 의존할 가족이나 친구가 있습니까?"라는 질문을 통해 사회적 관계 부분에서 국가별 데이터를 모으는 것이다. 2017년, 우리나라가 받은 점수는 10점 만점 중 0.2점이었다. 눈을 의심했다. 사실상 없다고 봐도 무방할 점수이다. 순위는 당연히 최하위이다. 동료가 없다는 말이 통계에서도 여실히 드러난다.

이런 상황에서 구조의 문제를 지적하는 행위는 대부분 사회적 고립을 각오해야 한다. 전방위적인 위협을 온전히 감당해야 하는 사람은 개인이다. 내심 동조할지언정, 눈치만 보다가 서로를 떠나보내는 경우가 부지기수다. 형이 세상을 떠난 이후에, 동료들이 찾아와서 건넨 위로도 대부분 한빛의 고민을 함께해주지 못했다는 미안함이었다.

대학 친구이면서 외주 제작사 피디로 일하던 가은도, CJ ENM에 함께 입사해서 같은 상황을 감당해야 했던 동기 변수민 피디에게도 동료가 되어주지 못한 자책감이 있었다. 본사인지 외주인지, 계약 형태가 어떠했는지는 중요치 않았다.

사실은 용기가 없었다. 일 못하는 조연출이 될 수는 없었다. 근태나 역량 부족의 명목으로 다른 부서로 방출되는 선후배들을 보면서 더더욱 두려워졌으므로, 나는 드라마 공장의 성실한 부품이 되어 일해야 했다. 잠을 자지 못해서 말라갈수록 선배들은 나를 신뢰하기 시작했고, 스태프에게 윽박지르는 빈도가 많아질수록 일 잘한다는 평가가 돌아왔다. 부당하다고 생각했던 것들에도 점차 익숙해졌다. 마침내 나에게도 후배들이 생겼을 때, 그들이 자지 못해 괴로워하는 것을 두고 '불성실하다'고 지적했으며, '너도 다른 부서로 옮겨질지도 몰라' 하고 위협했다. 나는 이곳에서 살아남았지만, 대신 괴물이 되어가고 있다고 느꼈다. 그럼 뭐 어때, 방송만 무사히 나가면 되고, 이런 죄책감쯤 이제는 가볍게 넘길 수 있다, 고 생각했었다. 네가 죽기 전까지는.

(…) 네가 적어도 여기 있었다면 네 선택은 좀 달랐을지도 모르겠다는 생각을 했다. 나에게는 이런 고민을 나눌 동료들이 있었고, 현장에서 벌어지는 부조리함에 치를 떠는 선배와 동기들이 있었다. 내가 좋아하는 선배는 '부당한 것에 개기면서 살겠다'고 다짐했고, 내가 정말로 존경하는 선배는 '이제 우리도 현장에서 벌어지는 젠더 불평등에 대해 공부를 해야 한다'고 제안했다.

우리가 살기 바쁘다며 앞만 보는 경주마처럼 달려나갔을 때 너는 조용히 몸을 돌려 아무렇게나 짓밟힌 차가운 흙길을 두 손으로 어루만졌다. 우리가 버티기 힘들다며 저마다 동굴 속으로 숨어 들어갔을 때 너는 가만히 빠져나와 동굴조차 가지지 못한 이의 가느다란 신음에 귀를 기울였다. 네 짧은 생의 끝에서 우리는 그저 분노하고 사죄했지만 사실 네가 남기고 싶었던 것은 그런 것이 아니었으리라. 어리석게도 세월이 이만큼이나 흐르고 나서야 우리는 어렴풋이나마 알게 되었다. 네가 남긴 것은 따스한 체온이었다.

오늘을 살아가는 청년 중 상당수는 일터와 일상에서 현실과 맞설 용기를 갈망한다. 하지만 동료가 어디에 있는지, 있기나 한 것인지 의심한다. 때문에 외로운 마음을 지닌 채 각개전투를 하고 있다. 지금 당장 부당한 대우를 받고 있는 동료를 찾아서 생계를 걸고 함께 투쟁하길 바랄 수는 없다. 그래도 스스로 살아남기 위해 괴물이 되는 길만은 선택하지 말라고 꼭 말하고 싶다.

더 이상 외롭게 홀로 있지 말자. 주변에는 당신의 호소를 존중하고 변화를 바라는 사람들이 많다. 조직에 수많은 사람이 있는데, 당신이 문제라고 생각하는 지점을 공감하는 동료도 당연히 어디엔가 있다. 방송업계에서도 한빛과 미처 함께하지 못한 미안함이 모여 '방송작가유니온'과 '방송스태프노조'가 출범했다. 그렇게 일터 곳곳에서 노조가 만들어지고 서로를 함께 지켜나가고 있다. 힘들어하는 옆 사람에게 자신도 공감하고 있다고, 돌파구를 함께 모색해 내일은 다르게 그려보자고 위로 정도는 충분히 건네볼 수 있지 않을까. 동료가 있다는 사실만으로 나의 신념이 존중받음을 느낄 수 있다.

결국 나는 혼자를 선택한다

— 관계를 맺어본 적이 없는 거라고 생각해. 친구들이랑 웃으며 지내지만, 수행평가든 시험이든 흔한 말로 친구이자 경쟁자 였던 거지. 가족들은 가족들대로, 한 번이라도 서로 터놓고 얘기해본 그런 사이 같지는 않아. •지은

— '사회적 자아'라는 얘기를 가끔 하거든요. 이런 걸 요즘 찾기 가 너무 어려워서 그런가. 그냥 '혼자 세상을 살아야 하는구 나' 하는 생각이 들어요. 연대라든지 이런 게 더 필요할 것 같 은데요. '혼자', '개인만의 힐링' 이런 게 선호되는 이유가, 모 두가 다 같이 잘 사는 것은 어려우니 나만이라도 잘 살자는 마음이 아닐까 생각해요. 그게 더 외롭게 만들면서도 오히려 나에게 더 관심을 갖게 만드는 것 같기도 하고요. •준완

— 결국에는 '나도 취업 힘들어', '나도 월세 내느라 너무 허덕여', '사회에서 얘기하는 거 뭔지 잘 모르겠어', '거기 귀 기울이고 싶지 않아', '내 삶도 이미 피곤하고 내 삶도 이미 중요한 것들로 가득 찼어' 이런 것 같아요. · 은재

— 유튜브나 미디어 영향도 크다고 생각하는데, 내가 잘 사는 것이 그냥 최고선인 것 같고 유일한 희망인 거지. 그게 아니면 사랑할 방법이 없는 것 같고. 그러니까 관심도 자연스럽게 거기로 쏠리고. 주변에 물어보면 다 똑같이 얘기하는 거야. 마치 학습된 것 같아. · 미래

지은, 준완, 은재, 미래는 각각 공공기관, 민간기업 등 다양한 곳에서 근무하지만, 모두 이래저래 시민사회 활동에 참여하는 활동가이기도 하다. 지은은 청년단체 또래상담가, 준완은 민주시민교육 활동가, 은재는 여성단체 활동가, 미래는 청년단체 활동가였다. 사람에 대한 희망이 없으면 시민사회에서 활동하기 어렵다. 사람의 선의를 신뢰하고 함께 의지할 수 있다고 믿어야, 사람이 살아가는 사회를 바꿔나가는 에너지가 생기기 마련이니깐.

하지만 이들의 현실 진단은 희망적이기만 하진 않은 것 같다. 혼자 살아남는 것에 익숙한 한국의 교육 시스템 속에서 성장한 청년으로서, 누군가와 함께 간다는 것을 상상하기가 너무나 어렵기 때문이다. 사람에 대한 희망을 품고 있으면 현실을 모르는 사람이 된 것마냥 취급받는다. 시민사회 활동가들도 이러한데, 시민사회와 가깝지 않은 청년들이야 오죽하겠는가. 마음속으로는

사람에 대한 기대와 희망을 버리지 않으면서도, 결국엔 혼자라는 외로운 길을 선택한다.

10명 중 3명이 심각하게 우울한 상태라고 한다. 10명 중 2명 이상이 자살을 생각한 적이 있다고 한다. '코로나19 국민 정신건강 실태조사'에 나타난 20대와 30대의 우울 수치이다. 일상에서 '코로나 블루'를 체감하며 분명 청년의 우울 문제가 심각하다고 느꼈지만, 이제는 각종 수치로도 현실이 설명되고 있다. 우울은 병원에서 치료해야 하는 것이 상식이지만, 그전에 사람을 통해 먼저 예방할 수 있다. 하지만 예방을 함께해줄 사람이 없다.

우울하고 외로운 상태는 만연하지만, 딱히 기댈 곳도 마땅치 않다. 이름 모를 빌라의 원룸에 살고 있는 청년 1인 가구가 옆집 사람이나 동네의 누군가와 신뢰하는 이웃이 되기란 여간 어렵지 않다. 지긋지긋한 일터에서 사생활을 공유한다는 것은 너무 끔찍한 일이다. 가족과는 말이 통하는 날보다 안 통하는 날이 압도적으로 많다. 옛날 친구들은 만나자니 각자 살기 바빠서, 결혼식 · 장례식 · 송년회가 아니면 볼 일도 없고, 주식이나 연예인 얘기 아니면 귀신 지나간 듯이 정적이 흐르고 만다. 딱히 사회적 거리두기를 강력하게 실천할 의지가 없더라도, 사회적 관계의 고립은 자연스럽게 발생한다. 서울시에 따르면, "본인의 문제나 걱정거리를 편하게 이야기할 수 있는 사람이 한 명도 없다"는 청년 1인 가구의 비율이 25.8%나 된다고 한다.

고립은 삶보다 죽음에 가까워 보이지만, 역설적으로 많은 이들이 살아남기 위해서 혼자를 선택한다. 미래는 막막하고 직장은 불안하고 자산은 쌓아두지 못한 상황에서, 굳이 세상과 접촉해 열등감을 느끼고 싶지 않다. SNS에는 하나같이 멋지고 성공한 소식만 올라오니, 조금이라도 상황을 개선하려면 한가하게 친구들과 노닥거릴 여유도 없는 듯하다. 대단히 부지런하고 성실하게 살아내는 것도 아니지만, 무기력하거나 일에 찌든 상태에서 누군가를 만나고 싶지는 않다. 자연스럽게 관심사도 나한테 도움되는 것에 집중하게 된다.

지금까지 교육 현장에서 배움의 기준은 '나'라는 개인에게 '도움이 되냐, 안 되냐'뿐이었다. 정든 친구들은 경제위기나 뉴타운 재개발 등의 혼돈 속에 제대로 된 인사도 없이 새로운 터전으로 가족들과 함께 떠나갔다. 새롭게 만난 친구와 고민을 깊게 나누기에는, 대학 가는 데, 취직하는 데, 성공하는 데 쓸모가 있을 것인지 생각해야만 했다. 그렇게 시험을 치르고 수행평가를 보고 공모전에 참여했다. 그사이 기댈 곳이 마땅치 않았다. 각자도생을 유일한 삶의 방식으로 여기며 분투해왔다. 이들에게 갑자기 서로를 신뢰하며 관계를 맺으라는 말이 어불성설일 듯싶다. 결국에는 우리 모두 비슷한 선택을 내리고 만다.

— 불합리한 상황은 많았지. 내 부모님은 대단한 사람이 아니었기 때문에 특혜를 받을 수 없잖아. 공정하지 않다고는 생각해. 이 사회가 불합리하다는 생각에 완전 동의하고. 하지만 사회에 불평하고 싶지는 않아. 사회가 이렇게 만들어놓아도 결국 살아남은 사람들은 살아야 하잖아. 그래서 사회를 비판하며 시간을 낭비하고 싶지는 않고, 차라리 내 탓으로 돌리려고. 내가 못나면 안 된다. 물론 나는 다행히도 부모를 원망하

지 않지만, 내 자식은 어떨지 모르잖아. 나를 원망하게끔 만들고 싶지는 않아.

가령, 내가 집을 가져서 내 자식한테는 꼭 물려줘야겠더라고. 꼭 물려줘야겠다. 집 없으면 정말 큰일 나니깐. 그러니까 자식에게 내가 가진 사람이 되어야지. 내가 바뀌면 되는 거지. 그런데 만약에 결과가 좋지 않으면 똑같이 걔도 불합리한 상황에 놓이겠지. 방법이 없어. 내가 어떻게든 바뀌는 수밖에. 크게 바뀌어야 해. 어차피 사회를 못 바꾸니까 개인이라도 바뀌어야지.

• 지훈

고등학교 동창으로, 10년이 넘게 봐온 지훈은 사람을 좋아하고 사회가 좋은 방향으로 나아지길 바라는 친구이다. 그의 성격과는 별개로 그의 삶은 성실해야만 했다. 부모의 지원 없이 홀로 지방에서 독립해 보험회사를 다니며 조금씩 자산을 모으고 이제는 결혼도 하고 작은 전셋집도 마련했다. 그리고 지금은 아이를 낳을 준비를 하고 있다. 지훈이 어떻게 살아왔는지를 너무나 잘 알기 때문에, 나는 그의 '배타적이고 이기적인' 선택에 대해 차마 뭐라고 할 수 없었다.

그렇다고 내가 바뀌고 내가 가진 사람이 되어야겠다는 지훈의 이야기가 정답이 되는 세상이 바람직해 보이진 않을 것이다. 경쟁 사회에서 나와 친구들이 당연하게 체득한 클리셰라고 하더라도, 평생을 경쟁에서 혼자 살아남기 위해 노력해야 한다면 언젠가는 삶의 에너지가 바닥날 것만 같다. 방전되었을 때 함께할 사람조차 없을 것이다. 아예 실패한 사람이 되거나, 실패한 사람들을 뒤로 한 채 나와 내 자식만 살아남은 세상이야말로 아포칼립스가 아니고 무엇일까.

'각자도생'이 오답이 되는 사회를 그리고 싶다. 개인을 지키는 방법이 혼자를 선택하는 것만이 아닌 사회 말이다. 사람, 공동체, 버팀목, 신뢰. 이러한 말들을 내 삶의 습관으로 들이려면, 기초부터 다시 시작해야 할지도 모른다. 그래도 충분히 가치가 있다. 뒤처지더라도 손잡을 사람이 있고 신뢰를 보낼 공동체가 있다면, 내일을 안심하며 기다릴 수 있을 것 같다. '연대하자', '함께 모여 문제를 해결하자'라는 말이 이상적이고 허무맹랑하게 들리지 않는, 그런 사회를 꿈꾸고 싶다.

만만험

— 최근에 이런 생각을 많이 해. 누군가의 실패에 되게 즐거워하는 사람들이 많아졌어. 사회가 되게 건강하지 못한 거 같아. 인터넷에서 뭔 사건이 자주 터지잖아. 특히 연예인이나 유튜버 같은 셀럽들이 대표적이지. 악성 댓글을 보고 있으면, 사람들이 잘못을 바로잡기 위해 비판을 하는 게 아니라, 비판 자체가 되게 즐겁기 때문에 하는 것 같아. 그래서 누군가 잘되면, 이 사람의 결점을 계속 찾는 듯한 느낌이지. 당연히 인터넷상에서 벌어지는 마녀사냥은 전체 중에서는 일부라고도 생각하는데, 그게 점점 만연해지는 느낌?

경쟁이 심해서 이렇게 마녀사냥에 혈안이 되는 것 같기도 해. 각자에게 돌아가는 기회가 되게 적어서 이런 반응이 더욱 심해지는 것일 테니 안타깝기도 하고. 어쨌든 혐오가 많이 늘어난 것 같아. 음, 물론 이런 행위가 전혀 이해가 안 되는 건 아

넌데, 그렇다고 해서 누군가의 실패에 막 즐거워하는 모습이
불편하기는 하지.　　　　　　　　　　　　　　　　　• 조은

　　조은은 한국을 떠날 준비를 구체적으로 하고 있는 친구이다.
워킹홀리데이를 통해 한 차례 적응 준비도 끝냈다. 코로나만 종
식되면 본격적으로 이주 계획을 세울 예정이다. 조은이 외국에서
의 삶을 계획했던 이유 중 하나는 혐오를 쉽게 마주치지 않아서
라고 한다. 물론 한국이 아니더라도 혐오는 어디에든 있다. 타국
에서 외국인으로 살다 보면 더 심한 혐오의 대상이 될지도 모른
다. 그럼에도 조은은 개선될 여지가 없는 집단적 혐오 문화에 지
쳐버렸다. 차라리 이방인의 삶을 선택하더라도, 새로운 환경에서
가능성이라도 엿보고 싶은 것이다.
　　혐오로 인한 갈등은 비단 오늘날만의 문제는 아니었다. 우리
사회에서 울타리의 힘은 과거부터 매우 강력했다. 가족, 친구 등
좁은 의미의 공통된 내(內)집단에 속해 있지 않으면, 부정적인 태
도로 관계를 시작하는 경우가 많았다. 처음 만나는 이에게 경계
의 시선을 보내는 것은 당연하지만, 대부분 그 이상의 편견이 작
동한다. 내부관계는 한없이 후하게 판단하고, 외부관계는 경계를
불식시킬 만한 정보를 더 얻으려는 노력 없이 배척한다. 가까운
관계도 일상을 모두 공유하지 않으면 이해하지 못하는 영역이 생
기기 마련인데, 아예 시도조차 하지 않으니 관계가 좁혀질 리 없
다. 특히 익명에 기대지만 비슷한 입장을 가진 계층, 성별, 집단끼
리 모이는 온라인 커뮤니티에 익숙한 청년세대는 배타적인 문화
에 더욱 쉽게 노출될 수밖에 없다.

인류의 역사에서 유사한 집단끼리 어울리고 타 집단을 배척하는 일은 반복되어왔지만, 과거와 비교해 관계망은 되레 더욱 복잡해진 데 반해 울타리는 더욱 좁아졌다는 점이 특히 우려스럽다. 충돌 가능성이 높아졌기 때문이다. 다층적인 권력관계 아래 묶이기 편한 집단끼리 배타적으로 뭉치면서 혐오가 양산되고 있다.

— 만인에 대한 만인의 혐오가 있는 듯해. 아침에 일어나서 혐오를 보고 저녁에 자기 전에 혐오를 보며 하루를 마친다고 하잖아. 그런 사회 풍토 속에서 누가 타인을 위해 나서줄 것 같지도 않고. 자기 먹고사느라 바빠지는 거지. 그것을 정치가 해결해줘야 하는데, 전혀 관심이 없어 보여. • 선규

— 당장 제 앞에 닥친 문제를 해결할 수가 없으니까, 다른 방식으로 [감정이] 표출되는 것 같아요. 예를 들어 코로나 때문에 일도 못 구하고 밖에서 놀지도 못하니 열이 받잖아요. 그러면 뭔가 사회에 같이 요구를 해야 하는 게 상식이죠. 정부를 찾아가든 국회의원을 찾아가든. 그게 맞긴 하지만, 당장 내 눈앞에서 그런다고 해서 문제는 해결되지도 않고, 현실은 계속 막막한 거예요. 그럴 때 만만한 사람을 괴롭히는 것 같아요. 사실 약자들이 만만하잖아요. 옆에 있는 저 여자가, 장애인이 만만하고, 또 같은 남성이더라도 무력한 애가 더 만만하죠. • 익준

선규와 익준의 경험은 비슷하다. 아침에 일어나서 스마트폰

을 켜면 여성 스포츠 선수에게 달린 악플이 보인다. 출근길 버스 창문 너머 아파트에는 임대주택을 반대하는 현수막이 달려 있다. 회사에서도 직급과 계약관계에 따라 혐오 발언이 서슴없이 들려온다. 퇴근길에는 익명의 사람에 의해 심하게 훼손된 성소수자 응원 광고를 지나 지하철에 오른다. 아침에 일어나고 잠이 들 때까지 24시간 마주하는 것이 혐오이다. 명쾌한 답은 보이지 않는다. 혐오를 조장해야 이득을 쉽게 취할 수 있는 정치인과 유튜버들은 하루에도 수십 가지 균열과 혐오를 양산하고 있고, 우리는 대중교통에선 작은 실수를 넘기지 않고 사람들끼리 다투는 장면을, 대화 중엔 입장 차이를 견디지 못하고 울컥하는 나와 너를 쉽게 볼 수 있다.

서울시의 조사에 따르면, 서울시에 거주하는 청년 중 최근 1년 간 혐오 표현을 접촉한 경험자의 비율이 무려 87.7%라고 한다. 혐오가 남발되는 것을 안타까워하면서도 현실은 혐오가 만연하다고 자조하는 비율도 41%나 된다. 혐오가 일상이 된 사회인 것이다.

대한민국에 사는 모든 국민들이 정말 혐오를 즐기는 사람들이라, 이렇게 만인이 만인을 혐오하는 것일까? 결코 아니라는 것을 우리는 경험을 통해 이미 알고 있다. 오히려 청년을 둘러싼 혐오는 불안에서 비롯되는 경우가 많다. 특별히 잘못한 것도 없는데 내 상황이 너무나 힘들고 불안하다. 앞이 보이지 않으면 옆으로 눈을 돌리게 된다. 모두가 나만큼은 힘듦에 안정을 느끼고, 누군가보단 더 나은 조건을 성취했음에 위안을 얻는다. 불안의 촉은 돌고 돌다 곧잘 약자를 향한다. '나도 힘들어 죽겠는데 왜 여자만 우대해?' '내가 열심히 해서 서울권 대학 왔는데 왜 지방대 할당을 해?' '자국민은 챙기지도 않으면서 외국인 인권과 이주 노동자 인권을 왜 말하는 거야?' 불안에 기반한 서툰 소통 방식은 혐오로 쉽게 이어지고 만다.

하지만 지금의 불안은 혐오를 통해 해결하지 못한다. 오히려 자신의 상황을 더욱 궁지로 몰아낸다. 혐오하는 대상 때문에 그들이 힘든 것이 결코 아니다. 구도를 단순화하기에 현대 사회의 문제는 너무나 다층적이게 중첩되어 있다. 자신과 정체성이나 이해관계가 유사하지 않더라도 손을 잡고 함께 나아가지 않으면 버티기조차 어렵다. 코로나 확산 시기에 성소수자에 대한 혐오가 심화되자 '특정 대상에 대한 지나친 비난과 차별은 환자를 숨어들게 할 뿐'이라며 방역본부가 나서서 호소했던 장면이 아직도 기억 속에 선명하다.

우리 사회가 서로를 혐오가 아니라 공감의 시선으로 바라보았다면, 혐오가 낮은 곳으로 흐르지 않았다면 어땠을까. 우리의 일상을 취약하게 만드는 진짜 원인에 집중하면서, 자신의 약한 모습을 조금 더 주변에 드러내고 의지할 수 있는 관계도 많아지지 않았을까. 다양한 권력관계, 가해와 피해의 관계를 모두 리셋하고 좋은 게 좋은 걸로 살자는 말이 결코 아니다. 오히려 혐오의 기저에 있는 배타적 문화와 불평등한 구조를 명확히 드러내야 한다. 나보다 더 약한 사람을 공격하면서 자신의 불안을 달래는 행위를 과감히 거부해내는 것도 필요하다. 혐오가 아닌 방식으로 서로에게 다가가고 이해한다면, 10명 중 9명이 혐오를 경험하는 오늘의 슬픈 일상만큼은 달라질 수 있을 것이다.

혐오 없는 세상이 더 아름다울 것이라는 사실을 우리는 결코 모르지 않는다.

기댈 곳이 필요하다

— 청년들이 계속해서 신천지에 빠지는 원인이 뭐라고 생각해? 나는 이게 굉장히 중요한 문제라고 봐. 내가 종교 관련된 일을 하니깐 그 생각을 많이 해봤는데, 기본적으로 공동체가 따뜻하다는 거야. 전적으로 헌신해. 사랑을 너무나 줘. 고립된 사람이 필요를 느끼고 기대게 만드는 거지. 물론 그것이 전략적이고 계획적이어서 문제지만, 그러한 따스함과 보살핌, 이런 것이 청년들에게 힘이 되었던 거야. 청년들이 생각하기에 '내가 여기 꼭 들어가고 싶다'는 마음이 들게끔. 주식 투자하는 마음이랑 비슷한 것 같아. 자기 인생을 기댈 수 있는 곳에 던지는 거지. 그래야만 구원의 길이 있을 것 같고. 자존감이 낮아지고 외롭고 홀로 버텨야 하는 상황에서 전적으로 헌신하고 따뜻하니까 그쪽을 더 신뢰할 수밖에 없는 거야. ·진명

코로나 확산 초기, 전 국민이 신천지(신천지예수교 증거장막성전)라는 종교에 주목했다. 코로나 1차 대유행의 기폭제가 되었던 신천지 대구교회 예배를 시작으로, 방역과 종교의 자유를 두고 갈등하는 지방자치단체와 신도들 사이의 물리적 충돌이 미디어에 생중계되었다. 특이하다는 단어만으로는 설명하기 힘든, 신천지 교주의 기자회견 장면은 온 국민의 가십거리로 오르내렸다.

대형 종교법인에서 일하면서 기성종교의 사회적 역할을 강조하는 진명 입장에서는 이러한 신천지 현상이 이래저래 신경이 쓰일 수밖에 없었다. 특히 신천지 구성원 상당수가 청년이라는 점이 그러했다.

신도들의 고령화는 기독교, 불교, 천주교 등 대부분의 현대 종교에서 보이는 현상이자 해결해야 할 숙제이다. 젊은 사람들이 종교 공동체를 찾지 않아 내적·외적 외연의 확장이 쉽지 않기 때문이다. 이런 상황에도 불구하고, 신천지는 오히려 청년 교인이 많았다. MZ세대는 전반적으로 교육을 잘 받아서 이성적이면서도 개인의 프라이버시도 매우 중시한다는데, 전근대적이면서 폐쇄적인 종교에 빠진다니. 일반적인 예상 혹은 편견을 뒤엎는 결과가 그곳에 있었다. 새로운 세대가 기댈 곳이 기성종교가 아니라 신천지라는 사실이 그에게는 아픈 손가락이었다.

'왜 청년들이 신천지에 빠져들까?'라는 질문에 대한 답은, 사실 '코로나 블루' 현상에서도 찾을 수 있다. 청년들은 우울감을 느끼면서도 타인과의 상호작용을 애타게 바라고 있는지도 모른다. 외로운 청년들에겐 언제나 기댈 곳이 필요하다.

10년은커녕 당장 내년의 나를 상상하기 어려울 만큼, 일자리든 집이든 지구의 환경이든 불안이 가득하다. 일터는 물론이고 가족조차 나의 존재를 있는 그대로 존중하지 않는다. 경쟁에 익숙하고 소속감을 느끼는 공동체도 찾기 어렵기에, 오롯이 혼자 세상을 버텨야 한다. 기댈 곳을 마련해주지 않은 사회에서, 청년에게 따뜻한 손길을 내밀어주는 사람은 많지 않다. 어떤 청년에게는 유일하게 자신을 존중해준 공동체가 바로 '이단 종교'였을 수 있다. 가스라이팅이 난무하고 폭력적인 상황에 노출되어도, 사회가 방치한 누군가에게는 기댈 곳이 그곳 말고는 없었다. 이단 종교에 빠진 청년들이 단순히 비이성적이라고만 치부하기에는 우리 사회 전반의 책임이 너무나 크다.

— 나는 기댈 곳이 없는 게 가장 큰 문제라고 생각해. 기댈 곳이 없다는 게 그 누구한테도 기댈 곳이 없다는 말이잖아. 친구한테도 그렇고 가족한테도 그렇고 온전하게 기댈 수 없어. 내가 상담 일을 했잖아. 청년들을 만나면 다 똑같은 고민을 하고 있어. 그런데 그걸 서로한테 얘기하지 못해. 자기 친구한테도 못 하고 엄마한테도 못 하고 그러다 보니까 찾을 곳이 없는 거야. 고민이 있어도 찾는 것 자체가 부담스럽고, 기댄다는 것 자체가 내가 패배자가 되는 느낌인 거지. 우리 사회에서 가르쳐준 유일한 기댈 곳은 돈이라고 하고. •지은

— 나는 일상에서 마음이 너무 허전하면서도, 뭐 하나 주변에 안정적인 게 거의 없는 것 같아. 우스갯소리로 맘대로 되는 거 하나도 없다고 할 때, 그 진짜 의미는 지금 이 세계에서 살아

가는 청년들이 뭐 하나 기댈 데가 없다는 것 아닌가 생각해. 안정적인 노후라도 그려보려면 유튜브에 나오는 자산 증식의 테크라도 타야 하나. 돈에는 적어도 기대볼 수 있는 거잖아. 사람에게는 정말 기대볼 수도 없고, 결국 감정이 외로움과 연결되어버려.

• 미래

청년 또래상담가 활동을 했던 지은은 코로나 블루의 문제가 코로나 이전부터 심각했다고 말한다. 가족에게도 친구에게도 기대지 못하는 오늘, 집도 일도 마땅치 않으니 우울이 만연해지고 있다는 것이다. 지역 청년단체에서 활동하는 미래도 생각이 비슷하다. 내가 마음 놓고 찾을 이웃이 근처에만 있었더라도 홀로 고군분투하며 상처가 깊어지지 않았을 것이란 아쉬움이다.

밝은 전망과 명쾌한 해답을 찾긴 어려울 수 있다. 다만, 홀로 있지 않게만 했어도 충분하다. 코로나 바이러스로 인한 충격을 단번에 해결할 수는 없다. 부동산 시장의 양극화를 한큐에 해결할 수 있는 정책이란 없다. 양질의 일자리를 제공하며 청년실업률을 0%로 만들기란 불가능하다는 사실을 잘 알고 있다. 당장 일상의 문제가 완전히 사라질 것이라고 기대하고 살아가는 사람도 없다. 언제나 그렇듯, 결과보다 과정이다. 부동산, 정규직, 학력, 돈 따위의 것들이 아닌, 내일의 삶을 가능하게 하는 지지와 존중이 필요하다. 그것들은 값비싼 심리상담사를 찾아다녀야 겨우 얻을 수 있게 되었지만.

— 본격적으로 작업을 하겠다고 마음먹게 되면, 돈 문제부터 시

작해서 어떻게 먹고살지 고민부터 가득하더라고. 그 과정에서 무엇보다 주변에 나를 정서적으로 지지해주는 친구들이 있다 보니까, 굳이 그만둬야겠다는 생각을 안 하게 됐어. 오히려 좀 더 잘 만들고 싶다는 생각을 하게 되었지.　• 재인

　재인은 영화감독이다. 크고 유명한 영화는 아니지만 여러 편의 자기 작품을 만들었다. 그가 대단한 전망을 보고 영화감독을 선택하지는 않았을 것이다. 그를 마음먹게 만든 것은 작은 정서적 지지였다. 재인처럼 어떤 사람들은 돈과 미래보다 동료들을 더 중요하게 여긴다. 하지만 주변은 안식처가 아닌 경우가 더 많다. 누군가가 힘들다고 찾아왔을 때 의지의 문제라고 경솔하게 말한 적은 없었을까. 압박받는 상황에 노출되었을 때, 성공을 위해서 조금만 참으면 된다고 만류하지 않았을까. 경쟁에서 살아남는 것이 중요하다고 강조한 적은 없었을까. 그렇게 기댈 수 있는 사람과 공동체가 청년들에게서 하나둘 사라졌다. 다들 힘들게 살아가고 있는 것은 맞지만, 똑같이 버텨보라는 말보다는 같이 버텨보자고 어깨를 내주는 마음이 우선되어야 한다. 일상을 지켜내는 것은 참 어렵지만, 또 생각보다 간단할 수 있다. 함께 일상을 견뎌줄 사람들이 지금 곁을 내주고 있다는 경험이 우리 사회에 필요하다.

　지금 사는 동네에는 친한 친구 두 명이 살고 있다. 혼자 카페에서 일하고 있으면 커피를 사러 나온 친구를 만나기도 하고, 동네 슈퍼를 가다가 슬리퍼 차림으로 마주치기도 한다. 세수도 하지 않은 얼굴을 보여 부끄럽기도 하지만, 기분은 전혀 나쁘지 않

다. 야근에 지쳐 집으로 돌아오는 퇴근길에 맥주 한잔 마실 이웃을 상상할 수 있으니. 가까워도 좋고 멀어도 좋다. 기댈 곳이 있으면 삶은 충분히 즐길 만하다.

다시, 공동체

— 친한 친구가 죽고 싶을 만큼 우울해하기에 함께 여행을 간 적
이 있어. 거기서 나랑 친구가 같이 한 일이, 죽으면 안 되는
이유를 노트에 쓰기 시작한 거야. (…) 마지막으로 어떤 결론
을 내렸냐면, 한 마흔 살쯤에 제주도로 이주하기로 했어. 그
리고 식당을 차려서 유채꽃 튀김이랑 냉이 김밥이랑 귤 떡볶
이를 팔기로 했거든. 되게 구체적으로 장난 반 진심 반으로
얘기했는데 그게 정말 좋았어. 뭔가 불확실하고 하나도 그려
지는 게 없는데, 그런 목표 하나를 구체적으로 그려서 끼워넣
고 같이하는 친구가 있다는 것이. 그걸 위해서 살아갈 수 있
겠다는 생각이 드는 거야.
함께 그리고 다르게 살아갈 수 있는 집, 가정, 가족에 대한 이
미지들이 많이 있었으면 좋겠어. 그래서 또 다른 친구는 자기
이름을 따서 '림림하우스'를 만들겠다고 했어. 자기 마을인

'림림타운'에는 내 친구도 들어오고 ○○모임도 들어오고 마음 맞는 사람들이 입주할 수 있게 해준대. 난 림림타운이 아니더라도, 진짜 이렇게 하고 싶은 생각이 있고 다른 친구들이랑 살 수 있는 공동체가 있으면 좋겠어. 물론 그런 대안이 너무 터무니없다는 것도 알고 있지만.　　　　　　　• 지원

청년들의 주거 문제를 상담해주거나 교육하고 분쟁이 발생할 때 해결해주는 청년주거 상담센터 프로젝트를 운영한 적이 있다. 그때 교육생으로 참여했던 대학생 지원은 주거 문제를 열심히 고민해서인지 요즘 '림림타운'을 입에 달고 산다. 친구 림림이 기획하는 림림타운은 꽤나 구체적이다. 마을을 구성할 여러 가지 하드웨어와 소프트웨어가 다양하게 정리되어 있다. 제일 중요한 것은 사람이다. 차별과 혐오를 지양하는 사람들, 투기를 목적으로 자산을 구매하지 않는 사람들, 공통의 관심사를 통해 삶을 공유할 수 있는 사람들이 모이는 동네이다. 확실하진 않지만, 비영리로 집을 지어본 적 있는 나도 참여해 상상을 현실로 만들어주길 바라는 지원의 마음도 담겨 있는 것 같다.

프라이버시가 중요하다는 개인주의 시대, '공동체'는 과거의 낭만적 유산처럼 느껴지는 시대에 무슨 시대착오적 이야기인가 싶을 수도 있다. 하지만 지원의 바람은 아주 특이하거나 예외적인 상상이 아니다. 마음 한구석에는 막연하게라도 림림타운과 같은 공동체를 상상하는 사람들이 많이 생기고 있다.

돌이켜보면, 청년들이 방 안에 콕 박혀서 혼자 살고 싶어하지 않는다는 것은 주변만 둘러봐도 쉽게 알 수 있다. 크고 작은 동창

모임은 물론이고, 2, 30대가 주축인 운동, 음악, 미술, 독서 등의 크루(동호회)도 꽤나 인기 있는 편이다. 지금까지도 우리는 다양한 방식으로 만남을 이어가고 있었다. 이렇게 보면 지역·회사·산악회 등에서 모이는 중장년층이나 취미·취향·자기계발을 중심으로 모이는 청년층이나 별 차이가 없어 보일 수도 있겠다. 하지만 그것을 '공동체'로 인식하는지 여부로 본다면 결과는 다소 상이하다. 아쉽게도 청년들이 주축인 모임은, 공동체라기보다는 사실상 개인과 개인의 연결에 가깝다.

청년 공동체 주택의 입주자이자 운영자로서, 그 차이를 더 생생하게 느끼곤 한다. 전통적 의미에서 스무 명이 살고 있는 주거 공동체라면, 당연히 스무 명이 가족처럼 단일하게 모이고, 의사결정을 해야 할 테다. 물론 현실은 다르다. 마음 맞는 사람들 대여섯 명씩 산발적으로 흩어져 여러 개의 그룹이 만들어진다. 한 명의 구성원이 여기에도 속하고 저기에도 속해 중복되기도 한다. 교집합도 있고 여집합도 있다. 기성매체들은 다 같이 모여 있는 청년 주택의 사진을 원하지만, 의무 동원을 하지 않는 이상 그런 대가족 사진은 존재할 수 없다.

소규모 모임이 다양하게 구성되는 이유는 명확하다. 내가 선택하지도 원하지도 않는 집단에서 공동체라는 이유만으로 시간을 낼 여유는 없다. 우리는 모두, 내가 아닌 누군가 지정한 공동체라는 틀에서 나의 권리와 욕구는 포기해야만 하는 상황을 경험해왔다. 강제적으로 묶여 있는 집단 때문에 답답하고 힘들었던 기억이 가득한데, 성인이 돼서 같은 불행을 반복하고 싶을 리 만무하다. 공동체에 대한 신뢰의 붕괴는 동질감을 느끼고 편안하고 안전한 마음으로 관계를 맺을 수 있는 모임을 직접 찾고 선택하는 행동으로 이어질 수밖에 없다. 물론 이것이 한국사회에 자연스레 안착했다고 볼 순 없다. 우리 사회는 고전적 방식의 공동체 구성에만 익숙했고, 새로운 공동체가 현실에서 구현되기에는 모두의 경험이 부족했다. 아직 대부분은 개인과 개인의 연결에만 그치고 있는 것도 사실이다.

그렇다고 공동체가 없는 지금이 행복한 것은 결코 아닐 테다. 개인의 연결만으로는 채워지지 않는 것이 너무나 많다. 온라인 커뮤니티나 소규모 개인 모임이 있지만, 휘발적인 관계가 주는 아쉬움도 있다. 동질감을 느끼는 사람들과 모여서 서로가 힘들 때 기대기도 하고 도움이 되고 싶은 바람이 마음 한 켠에 분명히 남아 있는 것이다. 당장은 모이는 방법도 모르겠고 먹고사는 것도 불안하고 피곤하니 공동체를 찾고 사람들을 모을 여력이 없지만, '애정하는' 공동체가 생기기를 갈구하고 있을지도 모른다.

한 가지 반가운 소식은, 바람에만 그치지 않고 실제 공동체를 만들고 활동하는 청년들이 늘어나고 있다는 사실이다. 내 주변만 하더라도 성소수자 공동체를 운영 중인 지성과 대안적 민주주의 공동체를 기획 중인 준완이 있다. 이들은 모두 공동체가 정말 소중하다고 강조한다.

— 저는 제 친구들을 보는 게 너무 좋아요. 그 작은 공동체 안에서도 정말 많은 소란이 있고 갈등이 있지만, 그래도 관계가 점점 단단해지고 있다는 게 느껴져요. 어쨌든 갈등에는 전전긍긍하면서 우리 나름대로 현명하게 대처하려고 했고, 그 과

정을 통해서 신뢰를 쌓았어요. 이제 남들이 뭐라고 하든 말든 우리끼리 좋아할 수 있고요. 되게 작은 공동체일 뿐이지만 내일을 기대하게 되는 거죠. 상처를 딛고 다시 나아가게 될 수 있을 것 같아요. 우리부터 뭔가 시작할 수 있겠다는 생각도 들고요. 세상을 조금씩 나아지게 만들 수 있을 것 같아요.

• 지성

— 계속 연결되고 싶은 마음이 있어요. 위로받고 싶고요. 힘들 때 혼자 해결하는 방법은 너무 어려운 것 같으니까요. 마음 맞는 사람들 사이에서 힘들다고 얘기만 쭉 할 수 있다면, 그 사람들이 뭔가 리액션을 대단하게 해주지 않더라도 괜찮아요. 그런 것들을 이야기할 수 있다는 것만으로도 위안이 되는 것 같아요. 누구든지 그런 상황이 처했을 때 이야기할 수 있는 누군가가 옆에 있었으면 좋겠어요.

더 나아가 제가 바라는 것들이 있잖아요. 다른 사람들과 같이 뭔가 변화를 만들고 싶어요. 변화를 만드는 일을 사람들과 함께할 때, 이것 때문에 저는 조금 더 잘하고 열심히 살아갈 수 있을 것 같아요.

• 준완

다시, 공동체다. 우리도 공동체를 상상하고 싶어한다. 그리고 우리가 상상하는 공동체는 기성의 의미와는 엄연히 다른 의미의 공동체가 될 수 있다. 개인의 자유를 존중하고 자신의 욕구를 발현하면서, 서로의 차이를 존중하고 함께 기댈 수 있는 편안한 공동체 말이다. 꼭 끈끈하지 않아도 된다. 서로 마음이 맞고 말이 잘

통하는 느슨한 사이면 충분하다. 기성의 방식, 시공간의 한계, 모임의 이유와 매개를 한정하지 말고, 동질성과 선택에 의한 공동체가 사회 곳곳에 자리 잡을 수 있도록 우리 사회가 역량을 모아주어야 한다. '공동체'라는 과거 유산에 대한 신뢰가 회복되어야 청년들이 서로 기댈 수 있는 버팀목도 더 쉽게 찾을 수 있다. 더 나아가 집단화된 공동체는 정치와 사회에서 청년의 이야기가 왜곡되지 않는 힘으로 작용할 수 있다.

노년층의 이슈로만 여겨졌던 고독사 문제가 어느새 청년의 사례가 되어 빈번하게 언론에 등장하고 있다. 모두가 잘 알다시피 고립과 단절의 문제는 공공 정책만으로는 해결할 수 없다. 결국은 사람과 사람이 연결됨으로써 국가가 채우지 못하는 역할을 해나갈 수 있다. 청년을 향한 우려를 다시 기대로 바꾸고 싶다. 지금까지는 제대로 모이기 어려웠기에 없었을 뿐이다. 새로운 의미의 공동체가 생기고 신뢰를 회복할 수 있다면, 단조로웠던 한국 사회의 색깔도 다채로워질 것이다. 개인의 연결을 넘어서 사회와의 상호작용 속에서 다양한 청년들이 공존할 수 있을 것이다. 애꿎은 청년 나이대 정치인의 말만 듣고 청년이 어떤지 분석하기보다, 일상 여기저기에 존재하는 청년 공동체로부터 진짜 청년들의 이야기를 들을 수 있는 날을 기대해본다. 대안적 공동체를 만들기 위해 곳곳에서 고군분투 중인 청년들을 응원한다.

7

꿈꾸는
청년들

한빛, 꿈과 욕구

새삼스럽게도 우리 모두에게는 꿈이 있(었)다. 경쟁에서 생존하기 위해 미친 듯이 달려나가는 삶의 한 켠에는 자신의 욕구에 충실하게 꿈을 좇아가는 청년이 있다. 개인주의가 익숙하면서도 사회적 가치와 관계를 중요시하는 모습도 함께 지니고 있다. 양가적이라고 해도 할 말은 없다.

흔히 누군가의 꿈을 시험 성적이나 직업으로 간주하는 경우가 많다. 의사, 변호사, 토익 900점, 공인중개사 합격 등. 하지만 당연하게도 점수나 명함만으로는 우리가 꿈꾸는 것들을 온전히 설명할 수 없다. 자아실현, 좋은 관계, 소중한 사람과 보내는 시간 등 우리에게는 중요한 것들이 너무나도 많다. 부족함이 없을 만큼 돈을 많이 벌지 못하더라도, 아이돌 굿즈나 프라모델을 '플렉스'하고 시민단체에 통 큰 기부를 하기도 한다. 자기만의 무언가를 위해 돈이든 시간이든 아낌이 없다. 보릿고개를 걱정하던 시절에는 도저히 이해할 수 없겠지만, 오늘을 사는 청년의 일상에서는 합리적인 행동이다. 더불어 우리는 사회적 연결도 포기하지 않고 있다. 피곤하고 바쁜 하루를 보내더라도, 세월호 리본을 함께 달고 촛불을 드는 일에 에너지를 나누어왔다.

형도 마찬가지였다. 사회에 만연한 불평등과 부조리에 지쳐 있으면서도, '새로움'과 '따뜻함'이라는 자신만의 꿈과 욕구를 사회 속에서 찾는 데 망설임이 없었다. 그렇기에 드라마 피디의 길을 선택하기도 했다. 형은 '세상과 연애하기'라는 방송에서 이런 얘기를 한 적이 있다.

영화나 드라마에는 스토리가 있고 그것을 통해 사람들의 감정을 전달하잖아요. 사랑이라면 사랑, 분노라면 분노, 기쁨이라면 기쁨. 그 감정들을 저 역시 많이 전달받았거든요. 어릴 적부터 소소한 것까지 챙겨 보았는데, 그런 것들에 감동을 많이 받았기 때문에, 이제 나도 다른 사람들에게 해주고 싶다, 나 스스로 느낀 감정들을 영상으로 만들어보고 싶다, 감정들을 드라마라는 모습으로 그려내고 싶다, 생각했어요.

형이 드라마 피디와 잘 어울린다는 사실은 형과 친한 친구들이면 누구나 동의했다. 따뜻하고 매력적인 드라마를 만들면서 행복해할 사람이었기에 형의 꿈을 응원하기도 했다. 형의 친구 K는 형이 세상을 떠난 후 인터넷 플랫폼 브런치에 다음과 같은 글을 썼다.

오랜만에 만난 너는 즐거워 보였다. 화제가 바뀌었을 뿐 사실 익숙한 모습이었다. 방송국이라는 새로운 일터에서 매 순간을 열정으로 살면서 겪고 떠오르고 하고픈 것들에 대한 썰을 쉴 새 없이 풀어놓았다. 너는 우리가 평소 좋게 평가했던 피디들의 모습을 이야기했다. 연예인들에 대한 이야기를 하기도, 현재 방송가의 트렌드와 앞으로 변화될 방향에 대한 이야기를 하기도, 콘텐츠 시장의 활로를 개척하기 위해 해외에서는 어떻게 해야 할지, 모바일에 맞춘 콘텐츠와 AR, VR 같은 이야기를 하기도 했다. 얘는 또 언제 이렇게 새로운 영역에서 방대한 지식과 견문을 쌓았나 싶었고, 정치·사회 문제 외에 우리가 나눌 수 있는 이야기의 범주가 넓혀졌음이 반갑기도 했다.

떠난 형이 언제 가장 떠오르느냐는 질문을 많이 받는다. 나는 우리 사회가 '새로움'을 찾지 못하고 '따뜻함'을 잃어버린 모습을 볼 때마다 형이 떠오른다. 조직이 시대를 맞춰 앞으로 나아가지 못하고 구성원들을 존중하지 않는 모습을 볼 때마다, 형이 더 살아 있었으면 얼마나 좋았을까 생각한다. 만약에 형이 새로움이 가능한 공간에 있었으면, 마지막 선택을 할 만큼 꺾이지는 않았을 것이다. 형의 죽음 이후 시민들이 보내준 공감과 응원이 컸던 이유도, 꿈과 욕구가 마모된 경험이 우리 모두에게 있었기 때문일 것이다. 5년 가까이 지난 오늘도 여전히 형과 같은 이들이 한국의 많은 조직에서 빛을 보지 못하고 있기에 안타까운 마음도 크다.

형이 중요시했던 '새로움'과 '따뜻함'은 아니더라도 우리에게는 수만 가지 다양한 꿈이 있고 욕구가 있다. 하지만 지키는 것보다 포기하는 것이 더 많은 것이 현실이다. 불평등한 구조 속에서 타협하거나, 경쟁에 치여 지쳐버리거나, 직장 내 괴롭힘으로 상처를 받거나, 자신을 온전히 존중받지 못하거나, 차별에 쉽게 노출되며, 좌절을 마주하는 청년들이 이미 충분히 많다.

대통령이나 재벌이 되겠다는 목표도 아니고, 일상에서 꿈을 지키며 소박하게 살고 싶다는 욕구가 좌절되지 않는 사회였으면 한다. 다행히도 상황은 과거보다 나아지고 있는 듯하다. 독립언론·스타트업·시민운동·문화예술 영역에서 확산된 청년들의 이야기가 사회 곳곳에 안착하고 있다. 새로운 곳에서든 기존의 공간에서든 각자의 이야기가 꺾이지 않았으면 좋겠다.

한 가지 더, 바람이 있다. 바람을 말하기에 앞서, 형의 글을 먼저 소개하고 싶다. 형이 대학문학상 영화평론 부문을 수상하면서 쓴 소감문이다.

영화를 보곤 늘 영화평을 썼다. 팔려고 쓴 글이 아녔다. 성공 사례 분석이든 서사 연구든 영상미 탐구든 질료의 우열은 없었고, 내가 느끼고 생각한 것들을 자유롭게 풀어냈기에 즐거웠다. 즐겁게 썼고, 글은 완성됐다. 수상 소식을 듣고 지난한 작문 과정을 반추하니 이 글이 기어이 팔리긴 했구나 싶어 웃음이 난다.

〈해적〉은 세월호 이후 여름 스크린을 놓고 다른 두 바다 영화와 경쟁했다. 쌍용차 정리해고가 긴박해서 정당하단 법원의 판결이 떨어지는 날 〈카트〉가 개봉했다. 올 겨울은 춥단다. 세월호와 정리해고로 아픈 모든 이들, 멀리서도 서로의 힘이 되었던 E, 사랑하는 J, 언제나 나를 이해해주는 부모님까지. 덜 추운 겨울을 보냈으면 한다.

형은 새로운 삶을 기대하며 취업이라는 길을 선택하고, 자본주의와 타협했다는 농담을 던지면서도 "추운 겨울" 아픔이 있는 곳들을 잊지 않았다. 각자의 꿈이 존중받는 가운데 사회로의 연결고리를 이어나갔으면 한다. '나'의 꿈만 실현된다면 그것을 함께 축하해줄 사람도 응원해줄 사람도 없어지고 만다. 함께 행복할 수 있는 선택이, 나 혼자만을 위한 선택보다 값지다는 것을 우리 모두가 알고 있다. 대단히 어려운 일도 아니다. 한빛이 간직했던 따뜻한 마음 정도면 충분하지 않을까.

일상적 번아웃

서구권 일터에서는 워킹홀리데이를 오는 한국 청년들의 인기가 높다고 한다. 호주 오렌지 농장의 단순 작업조차 한국 국적의 사람이 맡으면 몇 배의 성과를 낸다는 인식 때문이다.

한국인의 민족적 특성을 찬양하려는 의도는 당연히 아니다. 하지만 한 국가 공동체 내에서 유사한 교육을 받고 유사한 문화를 경험한 사람들에게 공통적으로 나타나는 경향성은 분명 있을 법하다. 가장 대표적으로, 열심히 산다는 것을 들 수 있겠다. 일터에만 국한되는 얘기가 아니다. 영화 〈보헤미안 랩소디〉가 싱어롱(sing-along) 열풍과 함께 미국보다 높은 흥행 성적을 올리자 '즐기는 것도 열심히 하는 한국인'이라는 할리우드발 평가가 있었다. 미국 오바마 전 대통령이 자주 언급하고 부러워했던 한국의 교육도, 질적인 부분보다는 학생들이 교육에 투여하는 무시무시한 시간과 노력에서 비롯됨은 공공연한 비밀이다. 이것이 꼭 부정적인 것만은 아니다. 무엇이든 열심히 하는 문화나 습관이 산업화도 민주화도 촛불도 이뤄내는 '다이나믹 코리아'의 원동력이기도 하다. 확실히 세대를 넘어 전유된 문화가 있다면, 단연코 근면성실함을 꼽을 것이다.

그럼에도 솔직해지자면, 열심히는 살았지만 '왜' 열심히 살았는지 잘 모르겠다. 주변 또래들 중에서도 열심히 살았던 이유를 명확히 말하는 사람은 드물다. 어릴 적 뉴스와 교과서에서는 IMF 사태가 회자되었고 학교에서는 오로지 입시경쟁만 몰두해야 하니, 살아남으려면 분명 열심히 해야만 했다. 주구장창 열심히는 달렸다. 남들이 다 뛰고 있으니깐, 경쟁에서 살아남아야 하니깐, 같이 전력질주할 수밖에. 내가 정말 원하는 목표를 향해 달렸는지는 중요한 것이 아니었다. 이제라도 쉴 수 있지 않냐기엔 관성을 이겨낼 저항이 없다. 불안과 경쟁은 여전하다. 배터리는 방전되었지만 계속 달리고, 어쩐지 그 자리에 멈춰 있는 것 같다.

지금부터 이야기를 들려줄 다섯 명의 청년은 결혼 여부도, 직장 및 직업도, 연령대도, 출신 지역도, 현재 거주 지역도 모두 상이하다. 공통점은 무척이나 열심히 사는 청년이라는 것이다. 모두가 열심히 살고 있고 열심히 살아야 하는 압박을 받고 있지만, 그 이유는 본인에게서 비롯되지 않는다.

— 스무 살이 되었을 때 '이런 거 해보고 싶다'라는 목표는 딱히 없었어. 그냥 단지 자유를 원했어. 내가 그동안 열심히 해왔던 것들은 내 생각이라기보다는 주변 압력이나 어떤 요구에 의한 것이었으니깐. 그런 것들에 의해서 뭔가 해야 한다는 압

박 속에서 국영수를 공부했지. 사실 대학 진학까지도 온전히 나의 선택이라고 보기는 어려웠어.

그래서 지금에라도 내 삶을 찾아보려 했지만, 상상하기가 점점 더 어려워지는 듯해. 기본적으로 '뭘 하고 살아야 하지'라고 할 때, 굉장히 단편적인 몇 가지 경우의 수만 떠올라. 근데 그런 것들을 얻는 과정이 굉장히 경쟁적이니까 계속 위로 올라가려고 노력을 해야 하지. 이게 곧 삶이 된 거야.

뭔가 생산적이어야 하는 것. 요즘 특히 내가 진로를 고민해야 하는 위치에 있어서 더 그런 것 같기도 한데, 생산적인 결과를 생각하지 않고 보낼 수 있는 시간이 많지가 않아. 내가 그냥 계속 놀아. 막 즐겨. 그러면 밤에 '나 오늘 뭐 했지?'로 귀결되는 거야.

이렇게 내가 나를 의심하고 다그치는 것이 습관화되었어. 일상적이야. 만약에 취직해서 소득이 안정적이게 되었다 하더라도, 글쎄. 완벽한 쉼이라는 것은 불가능할 것 같아. 매번 무언가를 생각하고, 열심히 해야 돼. 심지어 노는 것도 나에게 에너지 충전이 되어야 하잖아. 쉬는 것 자체가 미래의 또 다른 것을 위한 재충전의 시간을 목적으로 해야 한다는 것. 너무 슬프지 않아?

· 서연

— 무언가를 하고 싶다는 꿈을 가지게 된 이유가, 나는 가족들밖에 없었던 거야. 계속 그런 환경에서 컸고, 내가 가족들이 원하는 행위를 해야 내 가치가 [높게] 매겨지는 거지. 엄마한테 칭찬을 받고 주변 사람들이 되게 다양한 칭찬들을 해줬어. 그

러다 보니까 막상 대학에 와서 심리 관련된 공부를 하면서 내 과거를 생각하게 됐어. 그런데 그때 이런 생각을 하게 되더라고. '내가 이걸 하고자 했던 이유가 나보다는 엄마와 동생을 위해서다. 그러면 나는 대체 뭘 하고 싶은가?' 뭘 하고 싶은지를 대학교 때 잃었지. 그렇게 청년기에 들어섰고 삶의 목표를 내려놓아버린 거야.

어쨌든 '나는 뭘 좋아하는가?', '나는 뭐 하고 싶은가?'라는 질문에 대해 놓았던 끈을 간신히 붙잡고 나에게 집중해봤어. 그런데 문제는, 이 생각을 계속하다 보니까 너무 힘든 거지. 가족들이 나한테 요구하는 것들이 내가 원하는 거랑 상충이 되니까 엄마랑 충돌하게 되고, 뭔가 현실적이지 못한 생각들이 자꾸 드는 거야.

그래서 친구들끼리도 그런 얘기를 많이 했어. 마흔 살쯤 죽고 싶다. 그 정도까지만 하고 싶은 거 하면서 살고. 사람들이 욜로다 뭐다 하는데 그렇게 막 살지도 않아. 그동안 흥청망청 산 것도 아냐. 삶에 책임감이 없어서 저런 생각을 한다기보다는 미래가 보이지 않는 거야. 열심히 30대를 산 후에 집세는 어떻게 할 것이며, 저 때쯤 되면 도대체 집값이 얼마나 할까? 저 때쯤 되어도 나는 지금처럼 열심히 살아야 하나? ·지은

— 이게 캐나다 워홀에서 본 모습이랑 너무 다른 거예요. 일단 직업적으로 무시하는 게 거기는 없죠. 나이가 많은 사람이 서빙을 하더라도 눈치 안 보고 먹고살 수 있어요. 우리나라랑 다르게 자유롭죠. 인식이나 생활의 측면이나. 반대로 한국은

몇 살까지 뭘 해야 되고 서른다섯 살까지 결혼해야 되고 이런 압박이 크잖아요. 직업과 돈에 대한 사회적 인식도 무섭고요. 친구들 중에 휴가 내서 호텔 가서 노는 친구들이 있어요. 그런 게 마냥 좋은 삶이라는 건 아닌데, 그렇게 금전적으로 여유를 즐기는 걸 보면 어쩔 수 없이 생각에 잠겨요. 다르게 살고 싶더라도 주변이 하나둘 취직을 하니깐 내 고민을 얘기할 친구도 없고 뭘 어떻게 해야 될지도 잘 모르겠으니, '그냥 내가 맞춰야 하는구나' 현실 직시를 하는 것이죠. • 예은

— 외부의 시선에 영향을 많이 받아. 사회적 시선 때문에 나 자신을 너무 괴롭히면서까지 공부했어. 다 그러지 않나? 자기 자신은 없이 뭔가를 위해서 공부만 했지. 우리 세대가 뭔가 취향을 찾고 꿈을 가지려 할 때, 자기 자신이 사라지는 성향이 더 강한 것 같아. • 예진

— 노력했을 때, 내가 조금 더 좋아질 길은 보여야 하지 않을까요? 나는 조금 쉬어가고 싶거든요. 20대에도 그렇고 대학 졸업하고 바로 군대 가서 군대 끝나고 바로 일하고 계속해서 쉼없이 달려왔는데, 나는 지금 왜 이러고 있는 건가에 대해서 궁금할 때가 있어요.
쉬어가기도 하고 나를 좀 돌아보고 싶기도 한데, 다시 주변을 둘러보면 너무 치열한 거죠. 누군가는 뭘 하고 있으니까 여유도 없고, 여유가 없으니까 나도 못 돌보고 내 옆 사람도 못 돌보고. 이런 것들이 저한테는 어려워요.

이렇게 40대가 될 거고 내가 욕하던 50대가 될 건데, '진짜 좋은 사람이 되고 싶어'라는 마음은 갖고 있지만 진짜 좋은 사람이 될 수 있을지 계속 의심이 드는 거예요.   • 준완

대학생인 서연은 주변 압력이나 요구에 익숙해져 생산적이어야 한다는 압박 자체가 삶이 되었다고 이야기한다. 사회복지사 지은은 가족의 바람대로 살다가 지쳐서 때늦은 오춘기에 접어든 것 같다고 고백한다. 취업준비생 예은은 워홀(워킹홀리데이)을 가서 압박에서 자유로운 문화를 겪고 나니 한국에 돌아오기 너무나 싫었던 경험이 있다. 전업주부 예진은 사회가 요구하는 생애주기를 잘 따르기 위해 열심히 살아온 삶에 대해 아쉬움을 느끼고 있다. 준완 역시 공공기관에 취직해 전셋집도 구하며 남 부럽지 않게 살고 있지만, 어느 순간 지쳐버린 느낌을 지울 수 없다고 한다. 공통점은 '번아웃'이다. 열심히 살았지만 자기만의 삶이 있는지 회의감이 찾아온다. 휴식을 간절히 바라지만 쉬어도 되는지 걱정부터 된다. 쉬지도 못하고 열심히 달리지도 못하는 답답함 속에, 오늘도 번아웃 증후군은 청년들의 주변을 맴돌고 있다.

지치고 아픈 마음들이 만연해서인지, 내가 종종 즐겨 보는 웹소설에서도 이들에게 소구하는 콘텐츠가 대세가 된 듯하다. 가령, 요즘 웹소설 트렌드는 '회귀'와 '사이다'이다. '회귀'는 한 번 살았던 인생이 너무 '폭망'이라, 망하기 이전으로 돌아가 변수를 통제하며 성공적인 삶을 살아가는 스토리를 말한다. '사이다'는 팬한 감상적 스토리는 독자들의 엄청난 지탄을 받기 때문에, 전개가 사이다같이 시원하게 나아가는 것을 말한다. 때로는 필요한

복선과 떡밥을 회수하지 못하더라도 사이다 전개는 반드시 유지해야 한다. 완성도보다는 속도감이다. 트렌드가 내 취향과 맞지 않다고 생각하면서도 나도 어느새 이러한 전개를 즐기고 있었다. 현실과 대비되는 쾌감이 있기 때문이다. 인생사 예측할 수 있는 건 아무것도 없고, 뭐 하나 시원시원하게 풀어지는 것도 없다. 구구절절하고 지루하게 하루하루를 버텨야 한다. 멈추고 싶고 쉬고 싶지만 낙오되면 끝이라는 것을 경험으로 체득했기에, 가상의 공간이라도 다르길 기대한다. 허락되지 않은 내일보다는 예측 가능한 내일을 열렬히 바라고, 첩첩산중을 뚫어야 하는 과정은 패스하고 행복하든 불행하든 결과를 빨리 보고 싶은 마음이 트렌드에 반영된 것일 테다.

열심히 달리다 지쳐버린 청년들의 현실은 수치로도 드러난다. 구직 관련 플랫폼 사람인에서 청년을 대상으로 2019년에 조사한 자료에서 따르면, 청년 중 절반 가까이가 '무민'(의미 없는 것에서 의미를 찾는다)이라는 용어에 대해 공감했으며, 이 중 60.5%는 "취업, 직장생활 등 치열한 삶에 지쳐서"를 공감의 이유로 선택했다. "노력해도 목표를 이룰 수 없을 것 같아서"라는 응답도 순위권이었다.

지은이 "마흔 살에 죽고 싶다"라고 했던 말을 결코 흘려들을 수 없다. 농담이 반이지만, 진담이 반씩이나 섞여 있다. 요새는 너무 흔하게 들을 수 있는 말이라 놀랍지는 않다. 남아 있는 체력이 얼마건 간에 집값, 생활비, 일자리를 생각하면 열심히 살지 않을 수 없다. 무기력이 도돌이표에 갇혀 도는 '고구마' 전개가 뻔한데 '회귀'할 수도 없는 이상, 농담으로라도 삶의 미련을 버려야 할 테다. 기성세대가 청년이던 시절, 아무리 열악한 노동환경에 처해 있어도 마흔 살에 죽고 싶지는 않았을 것이다. 버티면 분명 길이 보였던 시절이니깐.

수능시험이 끝난 직후 친구들과 피시방에 갔던 날이, 나에게는 최고로 신났던 시간 중 하나이다. 놀고 있을 때조차도 다시 열심히 살아야 하는 내일의 부담이 언제나 공존했다면, 그때만큼은 완전한 해방감을 느끼며 즐겼다. '이게 진짜 쉬는 것이구나'를 처음 깨달았다. 물론 다시는 그와 같은 기회를 맛보기 어려워졌다. 쉬어도 제대로 쉴 수 없는 뫼비우스의 띠에 들어와버렸기 때문이다. 여기서 나가는 방법엔 전력질주가 아닌 다른 선택지가 필요하다. 패자여도 다시 기회가 주어지고, 조금 쉬거나 뒤처져도 불안하지 않은 사회, 마흔 살에 삶의 여정을 멈추고 싶은 마음 정도라도 돌릴 수 있는 사회면 충분하다.

다양성 그리고 존중

회식을 좋아하는 편이다. 좋은 사람들과 오랫동안 시간을 같이 보내면서 맛있는 음식과 술도 즐길 수 있는 데다가 법인카드로 얻어먹을 수 있으니, 1타 3피다. 보통의 청년들과 다르다고 생각할 수 있지만, 그렇지만도 않다. 회식을 싫어하는 사람 대부분은 그 자체가 싫다기보다는 회식에서 예상되는 일들이 마음에 들지 않았을 것이다. 회식을 하려면 야근이라도 빼주든가. 죽을힘을 다해 회식에 참여해봤자 함부로 사생활을 떠들며 술을 강권하는 부장과 눈치 주는 선배 옆에서 시중을 들 것이 뻔하다. 괜찮은 음식이라도 먹을 수 있으면 모를까. 냄새 배는 삼겹살에 소맥 말아서 원샷하는 자리가 끌릴 리가 없다.

　메뉴를 상상하지 못하는 것도 답답하지만, 대화 속에서 벌어지는 쓸데없는 오지랖도 문제다. 지구와 동물을 생각해서 고기를 먹지 않을 수 있는데, 채식을 한다고 말하면 오만 가지 잔소리가 따라붙는다. 번거로운 오지랖을 피하려면 없는 애인도 만들어야 하고, 결혼할 생각이 없거나 동성을 좋아해도 비혼이나 커밍아웃을 입에 담아서는 안 된다. 비흡연자에게 억지로 담배를 입에 물리는 것이 비상식으로 느껴지는 것처럼, 개인의 욕구와 가치관이 중요한 요즘, 다양성을 존중하지 않는 행위가 예의에 어긋나는 것임을 알아야 할 사람들이 너무나 많다. 남의 삶에 간섭하지 않아도, 본인이 살아가는 데 아무 상관이 없음에도 계속 같은 짓을 반복하는 사람들 말이다.

2019년, 서초동 집회와 광화문 태극기 집회가 한국의 거리를 한창 휩쓸었다. 당시 조국 전 장관 문제가 단연 화두였는데, 이에 대한 명확한 입장이 없으면 양쪽의 집회 참여자 모두에게 십자포화를 맞곤 했다. 편 가르기에 동참하지 않은 죄로 사회에 대한 고민이 부족한 사람 취급을 받았다. 당시는 권력형 성폭력 문제에 대한 사회적 대응이 필요한 시기였고, 김용균이 산재로 세상을 떠난 지 일 년도 채 지나지 않았을 때다. 나에게 사소한 문제가 누군가에겐 삶 그 자체일 수 있다. 모든 의제에 참여하지 못하는 것에 죄책감을 느낄 필요는 없더라도, 자신의 의제로 세상을 재단하는 일이 얼마나 무용한지는 고민해볼 필요가 있다.

세상은 복잡해졌고 사람들의 삶도 다양해졌다. '한강의 기적'을 위해 모든 삶을 국가산업 발전에 바쳐야 할 필요도 없고, 민주적인 사회를 위해 군사 독재의 감시를 피해 외롭게 숨어 지낼 필요도 없어졌다. 하지만 세상이 복잡다단해진 만큼, 사회 문제도 단순하게 정의 내리기 어려워졌다. 기후위기든 집 문제든 일터 괴롭힘이든 불평등이든, 오늘의 삶에 집중하고 행복해지기 위해

꿈꾸는 청년들

선 해결해야 할 수만 가지의 요소들이 있다.

주변에 산재한 개인의 문제들을 각각 중시한다는 것은, 촛불과 같이 힘을 모아 공통의 문제를 함께 해결해나가는 과정을 부정하는 의미가 결코 아니다. 2016년, 우리가 거리로 나왔던 중요한 이유 중 하나는, 제도적 민주주의와 더불어 일상의 민주주의를 회복하고자 하는 바람 때문이었다. 국가 권력이 국민 개개인을 존중하지 않고 권한을 남용했기 때문에, 시민으로서 국가가 할 일을 제대로 하지 못한 것에 대한 책임을 물은 것이다. 당연히 그 시발점은 각자의 삶이었다. 세월호로 떠난 이들을 바라보며 아파했던 사람들, 같은 일터에서 같은 일을 하지만 다른 대우를 받아야 했던 사람들, 사람보다는 돈과 권력이 우선되는 경험으로 상처받은 사람들이 함께했다. 각자의 영역에서 소중히 다뤄지고 문제가 해결되기를 바라는 마음으로 광장에 모였다. 그렇게 다양한 바람이 연결되어 거대한 에너지를 추동했다. 하지만 촛불 이후에도 여전히 개인의 삶이 존중받지 못하니, 사람들의 실망감이 가득해진 것은 당연하다.

다양성. 새로운 개념도 어려운 단어도 아니다. '다르다'와 '틀리다'의 의미 차이를 모르는 사람은 없을 것이다. 복잡한 사회에서 다양하게 살아가는 삶들을 존중하면 충분하다. 선미와 재인은 다양성에 대해 이렇게 강조했다.

— 내가 '버라이어티', '컬러풀' 이런 단어를 좋아하는데, 사실 우리 모두가 진짜 다채롭고 다양하잖아. 그런데 기성의 컬러는 명도만 있거나 반드시 카테고리징을 필요로 해. 하나로 묶

어야 하고 하나로 규정해야 하고 특정한 기준으로만 나누다 보니까, 결국에는 갈등이 생겨나는 것 같아. 다양한 것들을 존중하며 바라보는 것이 그리 어려운 일이 아닌데도 말이지. 우리가 온라인에 누구보다 친숙한 세대라고 하지만, 누군가는 엄청난 아날로그 감수성도 가지고 있어. 펜, 모나미 문구가 엄청 잘 팔리고 종이책이 안 팔리지도 않지. 다양한 거야. 어리니까 이야기를 안 들어주고, 생각이 다르니깐 받아주지 않고, 직장에선 갑을관계가 당연하지. 그런 관계 안에서도 존중할 수 있는 방법은 많아. 그런데 그렇게 관계를 형성하지 않지. 진짜 투표할 때 빼고는 모든 것에서 존중받지 못하고 있는 상황이야. 돈을 떠나서 지금은 존중이 먼저인 것 같아. 실제로 주변에서 좋은 직장이나 이런 걸 포기하고 상처받아 [고향으로] 내려오는 친구들의 이유는, 존중받지 못하는 게 가장 컸어.

우리도 이제 성인이 되어서 우리의 생각이라는 것도 생겨나고 다양한데, 그것을 아무도 존중해주지 않다 보니 반대로 신뢰를 보내지 못하는 거지. 성공과 돈이 절대적인 가치가 된 이유도 돈이 있으면 존중받는 사회이기 때문이야. 예를 들어 지역 신문사에 막내로 들어가서 10년째 막내면, 거기서 열심히 일해도 그냥 지역 신문사 '막내' 취급에서 벗어나지 못해. 내가 아무리 좋은 기사를 10년 동안 썼더라도 존중받지 못하기 때문에 결국 나오는 거지. • 선미

— 청년이 어떤 단일한 사물처럼 그려지는 게 아니라 다양하게

고민하는 주체로 많이 그려졌으면 좋겠다는 마음이 있어. 신조어 '영끌'도 그렇고 '공정'도 그렇고, 경향성을 얘기하려고 어떤 청년들이 많이 하는 대세적인 행위랑 연관 지어서 새롭게 이름을 붙이곤 하는데, 그렇게 해서 다양한 영역들이 사라지고 있어. 각각의 말과 모습이 있는 그대로 많이 비춰졌으면 어땠을까 아쉬움이 들지.

뭔가 하라는 얘기보다는 네가 하고 싶은 걸 계속해도 된다는 얘기를 해주는 게 마음의 안정을 많이 주는 것 같아. 만약에 '네가 지금 서른인데 지금 이러고 있으면 되겠냐?'라고 얘기했으면 정말 마음이 불안했을 것 같은데, 내 주변은 그게 아니라서 오히려 좀 안정이 되는 것 같아.   • 재인

선미와 재인 모두 평면적인 청년보다 입체적인 사람이 되기를 바랐다. 하지만 개인의 욕구, 사회적 자아, 일터에서의 관계 등에서 다양성이 존중받지 못하는 경험이 청년들을 더욱 괴롭게 만들었다고 이야기했다. 크고 작은 욕구와 바람이 쉽게 무시당하고 지워지는 경험이 빈번하게 반복되었다. 다행히도 선미와 재인은 사회의 고정관념을 넘어, 있는 그대로의 자신이 존중받으며 에너지를 얻는 경험도 있었기에 내일을 열심히 그리고 있다. 다양한 욕구와 가치가 온전히 존중받았는지가 정말 중요했던 것이다.

예전보다 개인의 욕구가 더욱 중요해진 시대가 되었다. 자신을 사랑하고 자신의 삶에 집중하는 게 당연하고, 부모와 사회로부터 자유를 얻어가는 과정을 매우 중요하게 여겨왔다. 당연한 변화이다. 사람이 자신의 행복을 추구하며 살아가는 것은 헌법에

도 보장된 권리이다. 굳이 변화에 의미를 부여하자면 시대가 비정상에서 정상의 궤도에 진입했을 뿐이다. 오히려 여전히 정치·사회·경제·문화적인 요소에 의해 각자의 자유와 권리가 침해받고 있다.

비혼 상태에서 육아를 선택했다고 비정상이라 손가락질받았던 여성. 수입도 없는 주제에 고급 위스키를 마신다고 철없는 사람 취급을 받았던 취업준비생. 사법개혁같이 중요한 문제를 두고 제로웨이스트 같은 작은 이슈에만 신경 쓴다고 비판받았던 기후활동가. 생애주기에 따라 학업·취직·승진·결혼·육아의 단계를 좇지 않아 자존감이 깎여야 했던 수많은 청년들. 나열하자면 책한 권을 편찬할 수 있을 만큼, 우리 사회는 다양성에 대해 열려 있지 못했다. 존중이 필요하다. 개개인의 색깔을 받아들이며 공통된 목표를 찾아가는 사회가 더 아름다운 민주주의의 모습일 것이다.

— 어떤 프로그램에서 본 건데, 해외 청년들이 나와. 서른을 한참 넘긴 친구들이 모여서 우리나라 고등학생, 스무 살처럼 놀아. 사실 이제 우리 정도 나이 되면, 친구들을 만나려고 해도 결국에는 돈과 위신 같은 것이 필요하다고 압박을 하잖아. 나는 그냥 나일 뿐인데. 돈이나 직업 없이 만날 수가 없어지는 거지. 만나는 방법도 모르고.
　　　　　　　　　　　　　　　　　　　　　　• 지은

— 행복에 대해 제가 좋아하는 말 중 하나가 '행복은 강도가 아니라 빈도다'예요. 사실 저는 엄청난 성과를 냈을 때보다는 그냥 주말 아침에 느지감치 일어나 집에서 강아지 쓰다듬으

면서 창밖을 봤을 때 날씨 좋으면 그때 행복해요. 그런 일상적인 행복도 있을 거고, 그건 누구나 느낄 거고요. 거기에 더해 저만의 가치와 연결된 행복이 있을 텐데, 그건 개인적이기도 하고 사회적이기도 하겠죠. 그게 존중받았으면 좋겠어요.

・익준

— 그냥 나를 존중해주는 사람들이 좀 더 늘어났으면 좋겠죠. 내 고등학교 친구들이든, 가족이든, 직장이든. 제 미래를 엄청 대단하게 그리지 않아서, 반드시 대단한 목표를 성취할 필요도 없어요. 그냥 집에서도 말을 줄이게 되고 친구 모임에서도 눈치를 자꾸 보게 되는데, 그런 일 없이 저라는 사람 자체로 받아들여지면 좋겠어요.

・은재

지은, 익준, 은재가 사회에 바라는 바는 소박했다. 아니, 작은 존중만 있었다면 지금 당장이라도 더욱 행복할 수 있다. 30대가 광화문 광장에서 시간 가는 줄 모르고 눈싸움을 하는 것. 작은 월세방에서 강아지와 둘이 오래오래 행복을 기약하는 것. 결혼 얘기나 취업 얘기 없이 가족과 친척들과 시간을 보내는 것. 비정상적이라는 시선만 없었다면 쉽게 채울 수 있는 바람이다. 일상 속 민주주의가 정착된 사회에는 개인의 다양한 바람을 존중하면서 사회의 보편적 변화를 이끌어낼 힘이 있다고 믿는다. 당사자들의 다양한 욕구가 각자 발현되고, 공동체라는 그릇이 그것을 예쁘게 담아내면 된다. 그렇게 보편성을 확보하면 세상은 더 따뜻해질 수 있다.

세상은 더 아름다워질 수 있다

아쉽게도 우리 인생은 컴퓨터처럼 리셋되지 않는다. 미래가 보이지 않는다고 해서 과거를 돌이킬 수 없다. 기후위기가 심화된다고 해서 지구 종말을 마냥 기다리는 사람도 없다. 일단 태어났으니 살아야 한다. 기성세대들보다 적어도 두 배, 세 배는 더 살아야 하는 청년들이다. 우울과 좌절을 친구 삼는 것처럼 보이지만, 사실 청년들은 어떻게든 희망을 보고 싶어한다.

— 여성이 참정권을 얻기까지는 2천 년이 넘게 걸렸잖아. 너무나 느린 속도지만 그래도 한 발짝씩 나아가는 거지. 내가 역사의 그림을 완성하는 사람이 아니라 역사에서 한 발 더 내딛는 사람이라면 그것만으로도 의미가 있고 희망을 볼 수 있지 않겠어?

• 진명

— 사회 문제나 갈등 이슈에 대해 내가 관심을 꽤히 끄기는 했지만, 그럼에도 불구하고 결국은 희망을 보는 사람들의 존재가 무언가를 바꿀 수는 있다고 생각해. 동물 인권에 대해 매일같이 말했던 친구들이 있는데, 지금 뭔가 달라지긴 했잖아. '이런 사람들의 존재가 세상을 좋게 하지 않을까'라는 기대는 가지고 있어.

• 조은

— 희망조차 불공평하게 한쪽으로 기울어져 있다고 생각하지만, 앞으로는 희망이라도 평등하게 가질 수 있는 작은 촉매제라도 봤으면 좋겠어. 어느 누군가에게는 관계와 공동체가 희망이 될 수도 있고, 혹은 가족이 그런 존재가 될 수도 있고, 아니면 뭐 작은 것들마저도 희망이 될 수 있다고 생각해. 대단하지 않은 것들일지라도 어떤 사람에게는 희망이 될 수 있어.

• 진만

— 누군가의 희생으로, 그래도 많이 바뀌어가고 있는 것 같기는 해. 부동산·일자리같이 큰 정책을 보면 크게 바뀌지는 않았지만, 옛날보다는 자기 목소리 내는 사람이 훨씬 많아지기도 했고, 우리가 흔히 말하는 불만들을 뉴스에서 나오는 이슈로 만드는 사람이 많아졌잖아. 미투를 하는 사람들같이. 그래서 당장은 우리 사회가 바뀌기 힘들고 바뀌지 않을 것 같아 보여도, 전체의 시간으로 보면 많이 바뀌었고 앞으로도 바뀔 것 같다는 생각이 들어.

• 지훈

— 보람을 느끼는 것은 어떤 변화의 지점들이 생겨날 때인 것 같아요. 어떤 가능성을 볼 때, 아주 작은 물꼬라도 뭔가가 트이는 것을 볼 때요. 99도에서 100도는 1도 차이라고 할 수도 있겠지만 분명 큰 변화가 있잖아요. 그 가능성이나 그런 것에서 오는 감정을 한 번 겪으면 절대 포기를 못 합니다. 뭔가를 했을 때 바뀐다, 뭔가를 했을 때 변화한다 이런 것들. 현실을 직시하면서 지금의 문제를 어떻게 해결할 수 있을까 같이 이야기하고 싶어요.   • 준완

— 그래도 한 단계 진보하고 있지 않나 생각해요. 장애인 전용 도로에 대해 이야기하는 사람을 봤어요. 전혀 그 분야에 대한 이해관계자가 아니면서도 변화에 대해 지지를 해주는 거예요. 정작 본인은 장애인이 아니면서도 장애인 정책에 대해 지지해주고 있잖아요. 그리고 본인은 성소수자가 아니면서도 성소수자의 인권에 대해 같은 목소리를 내는 사람들도 있고요. 저도 그 사람들처럼 살아도 되는 거죠. 그렇게 우리 사회가 연결되어 있음을 느낄 때가 많아요. 연대라는 건 내가 언제 어떤 고난을 겪을지 모르니까 그걸 방지하기 위해서 서로 힘을 합치는 거잖아요. 연대의 가치를 느낄 때, 사회가 바뀔 수 있다고 믿어요.   • 익준

가부장적인 문화의 조직에서 여성 관리자의 길을 개척하고 있는 진명은 우리 사회가 조금씩 평등한 문화로 나아갈 수 있다고 믿는다. 하루빨리 한국을 뜨고 싶은 조은이지만, 동물권 보호

를 위해 활동하는 친구를 보며 사회가 바뀔 수 있다는 희망을 포기하지 않는다. '이대남' 진만은 20대 남성을 바라보는 사회의 자극적인 시선 속에서도, 관계와 공동체를 통해 희망을 찾는 사람도 있다는 사실을 세상에 보이고 싶어한다. 지훈은 변변한 자원 없이 결혼 준비하랴 육아 준비하랴 정신없는 와중에도, 사회에서 목소리를 내는 사람들을 일상에서 응원한다. 공공기관과 시민사회를 오가며 대안적인 공동체를 꿈꾸는 준완은 아직 지치지 않고 꿈을 좇고 있다. 정치의 가능성을 믿는 익준은 사회적 약자와 소수자 차별이 언젠가는 정치를 통해 해결되길 바란다.

이들 모두 혼자만 잘 먹고 잘 살기를 바라는 것도 아니다. '나'라는 사람이 중요한 가운데, 내가 소중히 생각하는 사람들이 함께 행복하길 절실히 바란다. 지금의 어려움을 극복하기 위해선 함께 머리를 맞대고 힘을 모으는 것이 최선의 방법이란 것도 안다. 누군가의 성취가 누군가의 좌절로 이어지는 제로섬 게임보다, 가능하다면 좋은 정치로 사회를 바꿔 세상을 더 아름답게 만들어나가기를 바란다. 그런 바람들은 곧잘 행동으로 모이곤 했다. 불과 몇 년 전에 촛불을 통해 국가 권력을 바꾸는 시민의 힘을 보여주기도 했고, 미투를 통해 권력관계에 의한 성폭력에 일침을 가하기도 했다. 이기적이기만 했다면 선택하지 않았을 행동이었다.

과도한 경쟁, 무기력한 모습, 각자도생의 태도. 이런 몇 가지 단상을 보며 기성세대들이 가지게 된 과도한 편견이 청년들을 외계인으로 만들고 있다. 하지만 모두 똑같은 사람이다. 영화 〈기생충〉을 보며 불평등의 문제가 해결되기를 바라며, 드라마 〈스토브리그〉를 보며 언더독이 성공하기를 함께 고대하고, 진부한 신파

극이더라도 정의를 응원한다. 현실에서도 여느 사람들처럼 여건 만 된다면 세상이 더 나아지기를 기대하고 희망하고 그렇게 만들고 싶어한다.

다만 방향성에서 차이는 분명히 있다. 애국심이나 애사심으로 움직이지는 않는다. 정치와 기존 공동체에 대한 불신도 크다. 조직화된 세력도 보이지 않고, 사회적으로 모이려는 욕구도 적다. 하지만 소극적인 감정과 낮은 기대치는 세상에 대한 변화를 거부하기 때문이 아니다. 기성의 패러다임 속에서 위선, 무능, 독선으로 점철된 한국사회에 대한 불신일 뿐이다. 개인을 가려버리는 '거대한 국가', '우리', '대의'라는 허울보다는, 각자의 삶을 존중하는, 말 그대로 민주주의의 가치를 통해 희망을 보고 싶을 뿐이다. '너'와 '나'를 소중히 하고 지킬 수 있는 가운데, 새로운 패러다임으로 사회 변화가 이루어지길 바라고 있으며, 가능성은 현실에서 구체화되기도 한다.

언제나 세상을 더 아름답게 만들고 싶다는 의지와 희망은 그대로 있다. 옆에 있는 사람에 대한 기대를 놓치지 말자. 우선 잘못된 말들을 걷어내는 것이 중요하다. 세대 내의 갈등을 유발하며 본질을 흔들고 있는 편견을 비판하고 배척해야 한다. 20대 남성들이 일베에 빠져서 성차별을 당연하게 생각한다든지, 20대 여성들이 과격하다든지, 30대는 자기 욕망에만 충실해서 부동산 자산 증식에만 몰두한다든지 하는 말들은 정치적으로 이용하기 좋은 자극적인 단면일 뿐이다. 서로 간의 불필요한 오해 때문에 동력을 잃거나 가능성을 낮출 이유가 없다. 청년을 규정하는 일부 정치인이나 언론인들의 이야기를 듣고 좌초되기에는, 아직 사회에 목소리를 내지 못한 청년들이 너무나 많다. 청년의 입으로부터 청년의 이야기를 직접 듣는 일을 소홀히 하지 말아야 한다.

불평등과 차별을 사회적으로 해결하고자 시도하는 사람의 행동을 논리적으로 설명할 수 있는 철학자는 아직 나오지 않았다. 나도 스스로 확신하는 이유를 설명할 수 없다. 다만 사람들의 이야기를 듣고 말했을 뿐인데, 모두가 희망을 포기하지 않고 있었을 뿐이다. 분명히 세상은 더 아름다워질 수 있고, 함께 살아갈 수 있다. 아무리 바쁘고 힘들지라도, 같이 잘 살아갈 수 있다는 희망을 남겨두자.

불평등을 넘어,
한 줄기 빛을 밝히고 싶다

허락되지 않은 청년들을 위한 이야기

공정할 것 같은 시험조차 기울어진 운동장에서의 게임이다. 알바를 하지 않고도 사교육을 받을 수 있고, 부모를 부양하지 않으며 공부할 수 있는 청년이 가질 수 있는 기회는 그렇지 않은 청년이 가질 수 있는 기회와 질적으로 다르다. 그럼에도 청년들은 계속 시험을 본다. 삶을 바꿀 수 있는 기회가 얼마 없기 때문이다. 불리한 상황인 것을 잘 알지만 다른 길이 마땅치 않기에 어쩔 수 없이 시험에 목을 맨다. 어쩌면 청년 문제의 압축판이 고시촌에 담겨 있을지 모르겠다.

〈혼술남녀〉는 형이 세상을 떠나기 전 마지막으로 제작한 드라마다. 고시라는 소재를 매개로 불평등을 넘어 위로와 희망의 메시지를 전달할 수 있을 것 같아서, 특히나 기대가 되었다. 형은 공시생의 애환을 그리며 청년들을 위로하고자 노력했다. 불평등한 구조에서 불안을 견뎌내면서도 희망을 찾는 청년들의 모습을 담고 싶어했다. 나와 같은 사람이 진지한 글로 백번 이야기하는 것보다 훨씬 더 매력적일 테니깐.

하지만 〈혼술남녀〉의 현장은, 마치 드라마의 내용을 비웃듯이 비정규직에 대한 차별과 착취, 존중보다는 배제를 당연시하는 디스토피아였다. 위로를 건네고자 했던 청년 시청자들에게 괴리감과 좌절감만을 남겼다.

형이 세상을 떠난 지 5년의 시간이 흘렀다. 〈혼술남녀〉의 아이러니한 비극처럼, 여전히 사회는 청년들을 위로하기보다는 자극적으로 소비만 하고 있다. 5년 전, 용기를 냈던 형이 떠오르는 시간이다. 형이 마지막 순간 청년들에게 보내고 싶었던 위로의 메시지를 다시 꺼낼 때가 되었다. 형의 용기는 드라마에만 갇히지 않고 세상에 전해졌다. 그 용기를 통해 방송업계가 조금씩 바뀐 것처럼, 오늘 다시 용기를 내고 공감의 이야기를 꺼내고 싶다. 청년을 향한 사회의 손길도 조금 더 따뜻해질 수 있도록.

혼자 마시다 보면, 오늘 하루 힘겹게 눌러놓았던 감정들이 술과 함께 차오른다. 어디서부터 잘못된 걸까? 우린 왜 이렇게까지 돼버렸을까? 답을 낼 수 없는 질문을 하다가도, 이내 그냥 내 앞의 진실임을, 내 앞에 놓인 현실임을 받아들여야만 한다. 그러나 그 진실이, 그 현실이 나에게 주어진 끝이 아닐지도 모른다는 희망까지 버리기에는 내 사랑이, 지금껏 키워온 이 마음이 너무나 가엾다. 그래서 오늘 마시는 이 술은 용기가 필요해서 마시는 술이다.

나에게 대한민국은 선진국이 아니었던 적이 없다. 태어나 보니 한국은 월드컵을 개최하는 나라였고, 좋으니 싫으니 해도 뉴욕 타임스퀘어에 걸린 대기업 광고판을 보며 묘한 긍지를 느끼곤 했다. OECD나 G20은 물론이고 이젠 경제대국이니 선진국이니 하는 국제 순위에서 한국을 제외하기 어색해졌다. 하나의 유행이 되어버린 'K'는 분야를 가리지 않는다. 'K-POP', 'K-드라마' 등 문화예술은 물론 'K-방역시스템', 'K-교육', 'K-지하철'을 망라하며 한국이 세계에 미치는 파급력이 확장되었음을 보여준다. 물론 우리끼린 냉소를 한가득 담은 밈(특정 콘텐츠를 변형해가며 향유하는 것)으로 자주 사용하지만.

'태어날 때부터 선진국'은 다시 말하면 '태어날 때부터 저성장'이었음을 의미한다. 결과적으로 우리 세대는 부모보다 가난해지는 첫 번째 세대가 되었다. 고도성장을 이루던 시대는 이제 끝났다. 청년들 역시 앞으로의 대한민국이 저성장의 늪을 벗어날 수 없다는 사실을 모두가 알고 있다. 국가는 비약적으로 성장했지만, 삶의 여건은 10년 뒤, 20년 뒤에도 크게 바뀔 가능성이 없다고 전망된다.

문제는, 바뀔 것 같지 않은 오늘의 현실이 그다지 안녕하지 못하다는 데 있다. 압축성장을 하는 동안, 우리 사회는 불평등과 양극화를 해소하는 일에는 소홀했다. 비단 청년만이 아니라 노인의 문제든, 취약계층의 문제든 마찬가지이다. 역동적인 사회 동력조차 상실되고 말았다. 관성적이고 수직적인 문화는 다양한 감수성을 외면하고 있다. 일상은 불안하고 관계는 상처로 채워지면서,

자연스럽게 사회에 대한 기대도 줄어들었다. '이생망'(이번 생은 망했어), '헬조선'라는 자조적 신조어가 놀랍지도 않다.

기회든 능력이든 공정이든, 청년을 둘러싼 다양한 이야기는 존중되어야 마땅하다. 다만 그 시작은 불평등이어야 한다. 자산을 소유하지 못한 세입자, 안정적인 직장에 진입할 수 없었던 비정규직·비전형·프리랜서 노동자, 우수한 사교육을 누릴 수 없는 지역의 학생들, 성인기의 출발부터 빚을 떠안고 마이너스 자산인 채로 시작해야 했던 청년까지. 불평등에 대한 진단은 청년세대의 불안, 슬픔, 행복 등의 감정이 어디에서부터 시작되는지를 바라보는 중요한 렌즈가 될 것이다.

경고등이 켜졌을 때, 제대로 고민했어야 했다. 너무나 많은 청년들이 불평등과 차별의 현실에서 세상을 등질 때, 온 사회가 진심을 가지고 문제의 원인과 해결책을 찾았어야 했다. 달콤한 신기루로 눈앞의 문제를 가리는 '청년팔이'는 이제 그만하자. 불평등을 넘어서는 청년들의 이야기로 다시 시작하자.

우리가 직접 바라본 풍경

세상은 각자가 서 있는 곳에서 보이는 풍경일 뿐이다. 사람은 누구나 지금의 '나'가 가장 중요할 수밖에 없기 때문이다. 로스쿨에 다니는 친구는 변호사 시험을 다섯 번 떨어지면 평생 시험 볼 기회조차 주어지지 않는 제도에 큰 문제의식을 느끼고, 성직자인 친구는 사회적 물의를 빚고 있는 종교 공동체의 부패 문제를 해결하기 위해 온 정신을 쏟지만, 정작 대부분의 사람들은 그런 이슈가 있는지도 모른다.

청년에 대한 시선도 마찬가지다. 기성세대 모두가 한때 청년이었지만, 지금 그들은 각자의 나이에 서서 청년을 바라보고 있다. 데이터를 보고 자신의 과거를 반추하며 청년이 어떤 상황에 놓여 있고 어떻게 문제를 해결해야 하는지 찾아갈 수는 있겠지만, 그 결과는 아마도 지금의 청년 당사자가 직접 고민하며 짜낸 이야기보다 못할 것이다. 불평등한 구조 속에서 청년의 미래 불안은 여전하고, 다양한 욕구가 존중받지 못하고, 기댈 곳을 찾지 못해서 고립되고 있다. 문제가 명확함에도 불구하고, 우리 사회는 내일은 다를 수 있다는 희망을 전하지 못했다. 당연한 결과였다. '청년'에 대한 이야기조차 '청년'이 하지 못했으니깐.

내일을 쉽게 허락받지 못하는 청년들에게 청년을 말할 수 있는 기회가 주어졌어야 한다. 천천히, 깊은 이야기를 풀어낼 수 있는 시간과 자원을 제공했다면, 허울 좋은 단어로 채워진 청년담론을 걷어낼 수 있었을 것이다. 빈자리를 새롭게 채우는 이들은 대학을 진학하지 않은 청년일 수도 있고, 전세 보증금을 마련할 수 없어 월세 세입자로 살아야 하는 청년일 수도 있고, 배달업을 하는 플랫폼 노동자 청년일 수도 있고, 위험한 노동 현장에 노출된 청년일 수도 있고, 차별금지법을 갈망하는 1인 가구 청년일 수도 있다. 마이크를 쥐어보는 기회를 가질 수 없었던 청년에게 진짜 힘을 실어주었어야 했다.

기후위기, 지방소멸, 저출생·고령화 사회, 저성장, 젠더 등 우리 사회가 당면한 과제가 많다. 마이크를 주는 것을 넘어, 주요 과제에 대한 해결의 권한을 청년에게 맡기는 것까지도 나아가야 한다. 정책을 논의하는 자리에서, 기업에서, 노조에서, 대학에서,

시민사회에서 정책 당사자가 토론을 이끌어나가는 모습을 상상해보자. 이해관계에서도 자유롭고, 미래를 책임질 수 있는, 종전과는 다른 시선의 이야기가 쓰일 것이다.

한줄기의 빛

"주어진 시공간을 누구보다 찬란하게, 반짝이게, 치열하게 살아냈던 사람. 너를 사랑했던, 네가 사랑했던 사람들은 너를 그렇게 기억한다." 형의 추모집 가장 앞에 쓰여 있는 문장이다. 형은 정말, '한빛'이라는 이름처럼 살다 떠났다. 빛은 무엇보다도 반짝거린다. 그리고 세상에 따뜻함을 가져온다. 하지만 눈 깜짝할 사이에 스쳐 지나간다. 형은 세상과 떨어지지 않고 사람들의 일상 안으로 들어가, 톡톡 튀는 기획으로 공감과 변화를 끌어내고 싶었던 사람이었다. 그러면서도 불평등한 사회에서 존중받지 못하는 다양한 사람들의 이야기를 담으며 주변 사람들에게 소중한 기억을 남겼다. 하지만 어느샌가 해가 지고 한빛은 남아 있지 않고, 밤이 되었다.

빛이 떠나고 어둠이 깔린 세상일지라도 그저 암흑만이 채우지는 않는다. 어두운 숲속에서 밤하늘을 보면, 광활한 달빛을 느낄 수 있다. 달빛이 비추는 밤은 전혀 깜깜하지 않다. 오히려 어두운 밤일수록 빛은 그 소중함을 더한다. 낮에는 볼 수 없었던 만물의 짙은 색까지도 볼 수 있다. 구름이 달빛 앞을 지날 때 달라지는 색감의 변화까지도 아름답다.

형이 떠났다고 해서 빛이 사라진 것은 아니다. 한빛은 한빛이 없는 곳에서도 빛나고 있었다. 형을 모르는 사람들조차도 그의 고민에 반응하며 깊은 내면의 색을 드러내고 있었다. 오늘의 청년들이 말하고 싶은 이야기 어딘가에, 한빛과 공명하는 마음이 담기고 있었다. 한빛은 그동안 삭제되어 있던 청년들의 다채로운 모습을 내일의 우리 사회에서는 온전히 만날 수 있기를 기다리며 밤을 비추고 있었다.

형이 남긴 흔적은, 우리가 짊어진 참으로 무거운 삶의 무게를 덜어주는 언어가 된다. 불평등의 그림자를 볼 수 있게 만드는 빛이었다. 일터에서, 가정에서, 관계에서, 사회에서 존중받지 못하고 불안에 놓여 있는 청년들을 보듬는 따뜻한 메시지로 남았다. 우리가 무엇을 사랑하고 어떤 세상에서 살아가고 싶은지를 함께 고민해주었다. 사라지지 않는 빛으로 남아, 남아 있는 사람들에게 길이 되기도 기준이 되기도 하였다.

나는 어릴 적부터, 맑고 청명한 한낮의 하늘보다도 밤하늘을 좋아했다. 모든 곳이 그저 밝기만 한다면, 누가 손길을 필요로 하는지 알 수 없다. 하지만 어두운 곳에서 빛은, 등불이 없는 사람에게 희망이 될 수 있다. 햇빛이 비추는 하늘 아래선 온전히 빛을 바라볼 수 없지만, 달빛과 별빛은 천천히 각자의 이야기를 들여다볼 수 있게 한다. 형은 달빛과 별빛 같은 사람이다. 형의 빛을 받아 각자의 삶을 살아가는 사람들은 저마다의 이야기를, 저마다의 모습과 색깔을 드러냈다. 오늘의 대한민국을 살아가는 청년 중 한 명으로서, 나는 형이 비추고 있는 세상의 모습을 잘 그려내고 싶다. 나는 한빛을 기억하고 그것이 내가 오늘을 살아가고 있다는 증거가 될 것이다. 불평등을 넘어, 한줄기 빛을 밝히고 싶다.

일단 다른 이야기를
하는 것부터

정혜윤(CBS 피디, 작가)

나는 이 책의 내용에 모두 동의한다. 그러나 한 가지는 아니다. 저자 이한솔은 서른이 된 것을 기뻐하면서 "노안이라면 자신 있다"는 표현을 쓴다. 나는 동의 못 하겠다. 이한솔은 노안이기는커녕 상당한 동안이다. 물론 내가 보지 못한 사이에 급격한 변화가 있었을 가능성은 있지만 그래도 그에게는 눈동자와 눈빛이 있다. 그의 동글동글한 눈동자에는 골목을 뛰어다니는, 많은 것이 아주 재미있는 개구쟁이의 표정이 그대로 남아 있다. 2017년 그를 처음 만났을 때 나는 두 번 놀랐다. 첫 번째는 바로 그 눈동자 때문이었다. 그 또렷하고 동글고 검고 맑은 눈동자에 슬픔이 조용히 조심스럽게 어려 있었다. '조심스러운 슬픔이 어린 눈동자'를 대화로 풀면 이런 것이다.

"사람들이 왜 저에게 형이 죽었는데 슬프다는 말을 하지 않냐고 물어요. 사람들은 제가 감정을 표현하길 원해요."

"왜 하지 않아요?"

"이제 다른 사람들도 슬프다는 것을 알았으니까요. 다른 사람들도 우리 형이 겪었던 일과 비슷한 일들을 반복적으로 겪으면서 슬퍼하고 아파하는 것을 알게 되었으니까요. 그러니 굳이 내가 아프다는 말을 드러내놓고 하지 않으려고 해요."

두 번째로 놀란 것은 그 어린 얼굴로 수백 년은 묵은 듯한 말을 해서다.

"형의 죽음이 어떤 영향을 미쳤나요?"

"우리 형이 죽었을 때 회사는 이렇게 말했어요. 원래 그 판은 그런 판이다. 그런데 너희 형이 부적응했다. 저는 일터에서 흔히 관행이라고 생각한 것을 외면하면서 어떤 결과들이 벌어지는지 알게 되었잖아요."

"뭔가를 알게 되었고 그다음엔?"

"나까지, 나조차 외면하면 안 된다고 생각했어요. 그래서 누가 문제적인 상황 속에 있으면 자꾸만 같이 싸우게 되고 지지하고, 그런 과정이 조금이라도 저에게 위안이 되었던 것 같아요. 내가 달라진 모습이…. 우리 형에게 조금 떳떳했어요."

나는 이 이야기에서 수백 년은 더 된 듯한 한없는, 끝없는 사랑의 모습을 봤다.

그러나 회사는 형이 실종되자 바로 선긋기에 들어섰다. CJ ENM은 실종된 아들을 찾아다니는 어머니에게 이한빛 피디는 평소에 근태가 불량했다는 내용의 이야기를 했고 어머니는 그 와중에도 사과를 해야 했다. 이한솔의 형 이한빛 피디는 죽어서도 '낙오자', '패배자', '부적응자'가 되었다. 회사가 어떻게든 피하고 싶었던 것, 바로 '책임'이었기 때문이다. 그러나 책임이란 단어는 다른 곳에서 튀어나온다. 이한빛은 드라마 촬영 중에 조금 짬이 되자 구의역 김군을 추모하러 갔다. 나는 이한빛이 시민의 한 사람으로서 구의역에 갔을 것이라고 막연하게 생각했다. 한 낯선 청년 노동자의 죽음이 시간에 쫓기는 막내 피디에게 그토록 중요했다는 사실에 몹시 감동받았다. 그러나 이한솔의 설명은 조금 달랐다.

"형은 그때까지는 문제적인 방송사의 관행을 어떻게 해야 할지 결정 못 하고 있었던 것 같아요. 녹음파일이 있어요. 그때까지는 녹음을 해뒀어요. 문제 제기를 할 마음도 있었던 거죠. 그때까지는 포기하려던 것은 아니었어요. 우리 형도 어떻게 살아야겠다 다짐하던 게 있었을 것 아니에요. 자기가 그것을 다 저버리고 일하고 있는 순간에 누군가 바로 그런 세상에서 세상을 떠난 거죠. 형의 자책감이나 아픔이 컸을 것 아니에요. 그래서 저는 형이 꼭 거기 가고 싶지 않았을까 생각해요."

이 이야기에 숨겨져 있는 단어가 이한빛이 느낀 '책임'이다. 내가 그 일부분이 되어가는, 나도 협력하고 순응하는 세상에서 벌어지는 일에 대한 책임. 나와 세상의 관계에 대한 책임. 이한빛은 막내 피디로서 비정규직들의 계약을 해지하고 이미 지급한 제작비를 환수해오는 일을 해야 했다. 정말 고통스러웠을 것이다. 그런 일을 하면서 더는 자신을 자기 자신으로 느낄 수 없었을 것이다. 이한빛은 삶과 작별하기 전 그동안 자신이 살던 동네를 차례차례 돌아보았다. 어쩌면, 그사이 수도 없이 자기 자신을 만났을 것이다. 혼자서. 비밀스럽게. 누군가 이토록 자신의 존재 의미를 진지하게 묻고 또 물었다는 것은 잊을 수 없는 일이다.

"형을 잃었다는 것은 어떤 의미예요?"
"말할 사람을 잃었어요."
여기서 '말'이라는 단어가 나온다. 말할 사람을 잃는다는 것은 우리의 영혼을 황야로 던져버리는 치명적인 고독이다. 이한솔은 그 고독을 뚫고 새로운 말을 들고 나왔다. 그가 형의 죽음을 밝히는 기자회견을 한 후에 제일 먼저 한 일은 '언어'를 바꾸는 것이었다. "원래 그런 것은 없다!"가 그가 한빛의 이름으로 들고 나온 새로운 언어였다. '세상은 원래 그런 것이야'라는 말만 난무하는 세상에 '원래 그런 것은 없다'는 새로운 언어였다. '원래 그런 것이다'가 사람을 질식시키고 누르고 죽이는 말이라면 '원래 그런 것은 없다'는 숨 쉴 틈을 주고 사람을 살리는 말이 되었고 변화의 말이 되었다.

그리고 형이 세상을 떠나고 5년이 흐른 시점에 나온 이 책 역시 언어 바꾸기에 대한 책이다. 이대남, 영끌, MZ 이런 언어는 집어던지고 진짜 청년들에게 필요한 언어를 찾아 헤매는 이 책을 감싸는 것은 '그냥 죽어버리기에는, 그냥 이렇게 살고 말기에는 너무너무 삶이 아까워!'라는 절박하고 애절한 분위기다. 물론 그답게 최대한 자제하면서 쓰고 있지만 이 글 안에 있는 모든 제안이 그의 가슴 찢어지는 경험에서 우러나온 육성이라고밖에 말하지 못하겠다. 우리 살아 있자. 혼자 있지 말자. 우리 서로 곁에 있

자. 우리도 삶도 즐기자. 갈라치지 말자. 절망하지 말자. 아니 일단 절망을 말이라도 하자. 들리게 하자. 우리 모두 이 세상을 견디기 힘들잖아! 하지만 견딜 필요가 있을까? 문제 많은 세상에 문제가 있다고 말하자. 우리 서로 살리자! 이 모든 주장을 관통하는 것은 우리 삶의 이야기를 이렇게 끝내지 말자는 제안이나 다름없다.

이한솔이 형의 마지막 나날을 통해 알게 된 것은 육체적인 죽음의 슬픔만은 아니다. 일찌감치 존재가 지워져버리는 것, 아무도 그 목소리에 신경도 쓰지 않는 것, 그렇게 시들시들해지고 생명력을 잃고 그것이 현실이자 삶의 법칙이라고 여기고 받아들이는 것까지를 포함한다. 하지만 우리가 언어를 바꾸고 다른 이야기를 하기 시작하면 어떤 일이 벌어질까? 이한솔이 기대한 것은 명백하다. 살아 있는 것. 그냥 숨 쉬는 것 말고 더 새롭게 더 따뜻하게 ('새로움'과 '따뜻함'은 이한빛이 좋아하는 단어이기도 했다). 이 일은 가능할까? 어떻게? 일단 언어 바꾸기부터. 일단 다른 이야기를 하는 것부터.

내 말이 사실이라는 증거로 어슐러 K. 르 귄이 『세상의 끝에서 춤추다』에서 한 이야기를 조금 빌려와보겠다. 옛날 옛날 초기 인류들은 원래 식량의 65퍼센트에서 85퍼센트를 채집으로 얻었다. 그들은 일주일에 15시간 일하고 괜찮은 삶을 살았다. 그러자니 시간이 좀 많이 남았다. 가끔 이야기를 나눴다. '내가 귀리를 까고 또 까고 콩을 까고 또 까고...' 호기심이 강한 일부 사람들은 사냥을 나갔다. 그들은 가끔 고기와 상아를 가지고 돌아오기도 했다. 그런데 그것만 들고 온 것은 아니었다. 이야기도 들고 왔다. "차이를 낳은 것은 고기가 아니라 이야기였다." '내가 귀리를 까고 또 까고 콩을 까고 또 까고….' 이 이야기는 굉장히 흥미롭지는 않다. 그러나 만약 매머드와 마주친 이야기라면 어떨까? '내가 매머드를 발견했는데 어찌나 거대하던지 내가 창으로 옆구리를 찌르니까 피가 사방에 튀고 화살로 눈을 뚫고 뇌를 관통할 때까지 버티다가 결국 매머드는 쿵.' 이 매머드 사냥 이야기와 귀리 이야기의 승부는 너무 뻔하다. 매머드 이야기가 귀리 까기 이야기보다 손에 더 땀을 쥐게 한다. 액션과 스릴과 죽음과 영웅이 있다. 그런데 문제가 있다. 귀리 말인데 귀리를 먹긴 먹었는데 남아 있는 귀리는 어떻게 하지? 내일 아침에 먹을 귀리를 어딘가에 담아놓아야 하지 않을까? 아니면 또 귀리밭에 가야 하는데. 그래서 모든 문화에서 용기容器(그릇)의 이야기가 발견된다. 찌르고 죽이고 무기를 집어드는 문화 말고, 그러니까 인간이 매머드를 죽이고 히로시마에 원자폭탄을 던지고 미사일을 쏟아내는 문화 말고, 인간이 인간을 짓밟고 이용하고 학대하고 강간하고 위협하고 사냥하고 공격하는 문화 말고 다른 문화는 어디 없을까? 아! 너무나 다행히도 감개무량하게도 있다. 인간은 무기를 들기 이전에 이미 그릇을 만들었다. 바로 인간 진보의 용기 이론. 르 귄의 표현을 빌리자면, 이제 우리는 귀리밭에 모여 앉아서 각자 그릇을 들고 때리고 죽이는 것 말고 다른 이야기를 시작하면 좋을 것 같다. 왜냐하면 지금 우리의 문제는 우리가 죽이는 문화의 일부분이기 때문이다. 우리는 경쟁해야 하고 이겨야 하고 죽거나 죽이거나 둘 중 하나를 택하는 문화의 일부분일 뿐만 아니라 그런 이야기의 일부분이 되어버렸다. 르 귄의 표현을 다시 빌리자면 "우리는 살해자

이야기의 일부분"이 되었다. 그래서 "다른 이야기, 말해지지 않은 이야기, 생명 이야기의 본질과 주제의 말을 찾자니 절박한 심정이 함께한다"는 것이 르 귄의 주장이다. 정말 우리는 죽이는 이야기를 너무 많이 갖게 되었다. 귀리 까기에서도 아주 재미있는 이야기를 만들기는 불가능하지 않고, 죽거나 죽이는 것만이 양자택일이 아닌 삶의 모습을 만들어내는 것도 불가능하지 않다. 쉽지 않아서 조금 문제지만 큰 문제는 아니다. 큰 문제는 우리가 다른 이야기를 전혀 믿지도 않고 하고 싶어하지도 않는 것이다. 그러나 누가 완전히 아무것도 믿지 않고 살 수 있을까? 누가 희망 없이 살 수 있을까? 누가 사랑 없이….

  나는 힘이 빠지거나 혼자라고 느껴지면 나에게 두 가지를 묻는다. "어떤 이야기의 일부분이 되고 싶어?" "어떤 이야기를 전하고 싶어?" 이 두 질문을 던지면 이상하게 마음이 정돈되고 복잡해 보이던 것이 단순하고 깨끗해진다. 두려움과 외로움은 넘치고 사랑과 아름다움은 너무나 적어 보이는 이 세상에서 이 두 질문에 꽤 의지하면서 살아왔다. 결국 우리의 삶은 언어로 이야기로 바뀐다. 나는 5년 전에 "원래 그런 세상은 없다!"라는 이야기의 일부분이 되기로 마음먹은 바 있다. 이한빛을 기억하는 나만의 방법이기도 했다. 5년이 흐른 후 출간되는 이 책의 마지막 꼭지 제목에 나오는 단어는 내가 일평생 좋아해온 단어다. 감히 그 단어로 만든 이야기의 일부분이 되기를 얼마나 원하는지 모른다. 궁금하다면 얼른 책장을…. 우리의 그릇에 담아놓을 정말 굉장한 단어다.